はじめに

　年に2回、絵画の研修指導に行く園があります。その園では、先生方への研修も兼ねて、クラスの担任と共に子どもたちへ絵画指導を行います。先日、半年ぶりにその園を訪れた時のことです。久しぶりに会う子どもたちは私のことをすっかり忘れているだろうと思っていたのですが、予想外にも「絵の先生だ!」と寄ってきて、「ジャッキーのトマトづくりの絵、一緒に描いたね!」「あの時、"ジャッキーがかわいいね"って褒めてもらったよ!」「私も!」と、題材まで記憶し、楽しそうに話してくれたことには、嬉しさと共に驚きを感じました。

　日々の保育の中では、常に子どもたち一人ひとりとの関わりを大切にし、褒めるように心がけていても、なかなか口に出して言葉で伝え切れていないのが現状かもしれません。今回の子どもたちの嬉しそうな様子は、言葉にして共感を伝えることの大切さを改めて感じる機会となりました。

　本書では、絵画指導で関わっている園の子どもたちの作品を1冊の本にまとめ、たくさんの絵を紹介させていただきます。また、題材・ねらい・指導のポイント・配慮・準備物は記載していますが、出来るだけたくさんの絵を紹介するために、"活動の流れ"の説明は省略して構成しました。

　その「ねらい」は、たくさんの「絵」の一枚一枚から

- ★ この絵を描いた子どもはどんな子かな?
- ★ この絵の中で一番頑張って描いたところはどこかな?
- ★ この絵のどこを先生に褒めてもらったのかな?
- ★ 私はこの絵のどこが好きかな?
- ★ 私だったら、どうやって助言するかな?

　など、たくさんの「かな?」から、子どもの絵の「思い」や「育ち」に気づき、個性を読み取る感性を育んでほしいと思ったからです。

　本書を通して、「自分もやってみよう!」という気持ちを実践へと繋げてくだされば幸いです。

舟井賀世子

もくじ

- はじめに …………………………………… 1
- もくじ ……………………………………… 2・3
- 指導のポイント・絵のみかた …… 4・5
- 画用紙に合った色の作り方 ……… 6・7

3歳児

1学期
- イチゴがり（生活画）…………………………… 8
- キリンさんみたよ（生活画）………………… 9
- ゾウさんみたよ（生活画）…………………… 10
- ジャガイモほりしたよ（生活画）…………… 11
- あめふり（生活画）……………………………… 12
- ライオンはかせのはなやさん（お話の絵）…… 13
- おおきなかぶ（お話の絵）……………………… 14
- プールであそんだよ（生活画）………………… 15

2学期
- ジャックとまめのき（お話の絵）……………… 16
- にんじんばたけのパピプペポ（お話の絵）…… 17
- きつねとぶどう（お話の絵）…………………… 18
- こびとのくつやさん（お話の絵）……………… 19
- 大玉ころがししたよ（生活画）………………… 20
- イモほりしたよ（生活画）……………………… 21
- 14ひきのかぼちゃ（お話の絵）………………… 22
- どうぶつ山のクリスマス（お話の絵）………… 23
- おねぼうサンタのクリスマス（お話の絵）…… 24
- うさこのサンタクロース（お話の絵）………… 25

3学期
- おしゃべりなたまごやき（お話の絵）………… 26
- おむすびころりん（お話の絵）………………… 27
- かさこじぞう（お話の絵）……………………… 28
- てぶくろ（お話の絵）…………………………… 29
- ゆきだるまはよるがすき!（お話の絵）……… 30
- こんな絵もかいたよ …………………………… 31

4歳児

1学期
- 動物園にいったよ（生活画）…………………… 32
- おおきなかぶ（お話の絵）……………………… 33
- はなさかじいさん（お話の絵）………………… 34
- ぐるんぱのようちえん（お話の絵）…………… 35
- しずくのぼうけん（お話の絵）………………… 36
- しずくのぼうけん（お話の絵）………………… 37
- プールあそび（生活画）………………………… 38
- くもりのちはれせんたくかあちゃん（お話の絵）… 39
- ありとすいか（お話の絵）……………………… 40
- 30000このすいか（お話の絵）………………… 41
- スイカわりしたよ（生活画）…………………… 42
- ジャックとまめのき（お話の絵）……………… 43

2学期
- ハーメルンのふえふき（お話の絵）…………… 44
- とっくりうなぎ（お話の絵）…………………… 45
- 運動会（生活画）………………………………… 46
- ガリバーりょこうき（お話の絵）……………… 47
- ふうせんクジラ（お話の絵）…………………… 48
- さつまのおいも（お話の絵）…………………… 49
- 14ひきのやまいも（お話の絵）………………… 50
- いもほりバス（お話の絵）……………………… 51
- ミカンがり（生活画）…………………………… 52
- おしゃべりなたまごやき（お話の絵）………… 53
- うしさんおっぱいしぼりましょ（お話の絵）… 54
- もくべえのうなぎのぼり（お話の絵）………… 55

3学期	ももたろう（お話の絵） …………… 55	どん！（お話の絵） …………………… 60
	おおかみと七ひきのこやぎ（お話の絵）…… 57	技法を使った作品 ……………………… 61
	3びきのこぶた（お話の絵）………………… 58	こんな絵もかいたよ …………………… 62
	ふって！ふって！バニー（お話の絵）……… 59	こんな絵もかいたよ …………………… 63

★5歳児

1学期	おやゆびひめ（お話の絵）………………… 64	おおきなキャベツ（お話の絵）……………… 69
	回転ずしにいったよ（生活画）…………… 65	のせてのせて100かいだてのバス（お話の絵）…… 70
	こいのぼりにのって・・・（空想画）………… 66	みんなで！どうろこうじ（お話の絵）……… 71
	タケノコほりにいったよ（生活画）………… 67	カタツムリと鯨（お話の絵）………………… 72
	おおきなキャベツ（お話の絵）…………… 68	花いっぱいになぁれ（お話の絵）…………… 73

2学期	運動会（生活画）…………………………… 74	キノコのおうち（空想画）…………………… 79
	運動会（生活画）…………………………… 75	もぐらバス（お話の絵）……………………… 80
	すずめがおこめをつくったら（お話の絵）…… 76	ねずみのえんそくもぐらのえんそく（お話の絵）… 81
	さるじぞう（お話の絵）…………………… 77	ねずみのよめいり（お話の絵）……………… 82
	つちのなかのもぐらでんしゃ（お話の絵）…… 78	おひめさまようちえん（お話の絵）………… 83

3学期	空飛ぶ車にのって・・・（空想画）…………… 84	てぶくろ（お話の絵）………………………… 88
	たぬきのいとぐるま（お話の絵）………… 85	ねずみのおいしゃさま（お話の絵）………… 89
	でっかいまめたろう（お話の絵）………… 86	こんな絵もかいたよ ………………………… 90
	もくべえのうなぎのぼり（お話の絵）…… 87	こんな絵もかいたよ ………………………… 91

絵の役割 …………………………… 92・93
本編で取り組んだ作品 …………… 94
ほいスタの紹介 …………………… 95

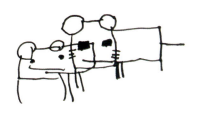

指導のポイント

指導について

「指導」という言葉を辞書で引くと、「ある目的に向かって教え導くこと」とあります。最近では、「教えることはいけない」と誤解され、「自由にさせるのが教育」とされている傾向があります。しかし、活動の目的（ねらい）を達成することも大切であり、子どもの主体性を軸に考え、思いを広げる活動を進めるためにも、保育者の支援・援助を組み込みながら表現活動に取り組みましょう。

★ 発達に合った活動内容 ★

子どもたちは、なぜこの保育の活動を楽しむことができないのかな？と思う時があります。そこには、保育者の設定した活動内容が子どもの発達と合っていない等の理由が考えられます。子どもの発達や経験の実態を把握し、子どもが楽しく取り組むことのできる活動を考えるようにしましょう。

★ ねらいをはっきり ★

ねらいの設定は大切です。保育を見ていると、この保育の中で目指す子どもの育ちは何か？というねらいが、明確に見えない場合があります。1つの活動に、たくさんの目的を持つ必要はありません。「今日は○○を身につけて育ってほしい」と、保育者が考えた目的が身につき、次の保育の中に生かせるようにしましょう。

★ 活動しやすい環境構成 ★

主体性を持って集中して表現活動に取り組むためには、落ち着いた環境を用意することが大切です。どんなに材料・用具や活動時間にゆとりがあっても、活動に向けた雰囲気や環境作りが適切でなければ、表現意欲が高まることはありません。表現しやすい環境と表現に必要な材料・用具の双方を万全に準備するようにしましょう。

★ 活動に合った材料設定 ★

描画活動で使う材料には、それぞれの特徴があります。日常の保育を通して、子どもたちが、できるだけたくさんの材料経験を積み重ねられるようにしましょう。その為には、保育者自身が材料の特徴や良さを理解することが大切です。描画材料の組み合わせ方には、子どもの表現のプラスになる場合や反対にマイナスになることも知っておかなければなりません。活動内容や経験・ねらいなどに合わせて材料の設定をしましょう。

★ 導入の役割・方法 ★

導入には、文字通り保育の活動に子どもたちを「導き入れる」という大切な役割があります。導入の時点で、内容についてどこまで伝えたらいいのか・伝えすぎてしまわないかと悩むことも多く、難しい点ではありますが、保育者が一方的に考えを伝えるだけにするのではなく、子どもの発言等も取り入れながら思いの共有をすることで、活動への意欲につなげてみましょう。

導入の役割
- 活動への意欲を高める。
  早くやりたいという意欲や期待を高める為の工夫をする。
- 活動の内容を伝える。
  子どもたちが気づいたこと・考えたことを大切にしつつ、保育者が伝えなければならないことについても明確に伝える。
- 材料について伝える。
  材料の特性や使い方などについて十分に説明する。

導入の方法
- 素話をして、思いやイメージを広げ、活動に入る。
- 絵本・紙芝居を用いて思いを広げ、活動に入る。
- ペープサート・人形などで視聴覚を刺激して活動に繋げる。
- 音や寸劇など、効果的な演出を取り入れて興味を深め、活動に入る。

★ 助言・援助 ★

保育を見ていると「みんな上手よ、すごいね」と全体に対しての言葉がけが多いようです。助言や援助をする場合は「ここの○○がいいね」と具体的なポイントで伝えるようにしましょう。保育の前半は、全員に対しての助言を中心にし、後半には個別指導の助言に切り換えることで、活動のねらいが身につくようにしましょう。

助言には次の方法があります。
- 保育者が子どもに対して助言…個別に声かけをする方法
- 友だちが子どもに対して助言…友だちから助言をしてもらう方法
- 自分で自分に対して助言…自分の絵を見て、自ら気づく方法

★ 作品鑑賞 ★

表現活動を終えたときは、必ず友だちの前で自分の作品について思いを伝える時間を設けましょう。友だちの前で発表することで、次の活動への自信や意欲にも繋がります。

描いた作品は、まだ十分でないところもあるかと思いますが必ず、努力したところ・工夫したところ・集中して描いたところを見つけて褒めるように心掛けましょう。

見方としては、
- 絵を通して心を理解する見方…思いを読みとる
- 作品の良さを知る見方…感性を読みとる
- 子どもの成長を把握する見方…個性を読みとる

※クレパス、クーピー、クーピーペンシルは株式会社サクラクレパスの登録商標です。
※クレパスの普通名称は、オイルパステルです。

絵のみかた

子どもたち一人ひとりには、大切な個性があります。個性はその子ども自身を表し、自分なりの表現として絵に表していきます。保育者の皆さんには、その絵から一人ひとりの見方・感じ方の違いや考え方・表し方の違いに注目して、その子なりの良さ・他の子どもとの違いを見つけて欲しいと思います。

見方・感じ方の違い

子どものものの見方は、視覚を通して読みとる力がまだ不十分なため、見たことをそのまま感じた思いとして表現します。

ゾウさんみたよ（3歳児）

中央に描かれた大きな顔、その周りに描いた大きな丸はゾウの胴体です。左右に2本ずつ足があり、右足の下にある小さな丸はしっぽです。見た形を素直に表現した絵ですね。

正面から見たゾウの鼻が印象深かったのか、う〜んと長く伸びています。クレパスで描いた周りの人物は頭足人表現ですが、ゾウはきちんと4本足で立ったしっかりした形で表現しています。

この絵はゾウの顔と胴体を横向きで捉えています。2つの丸は左右の耳で2つ描いてますが、目は1つしか描かれていません。足は7本と、まだまだ幼い表現がおもしろさとなってますね。一人ひとりの見方・感じ方の違いを大切にした導入や指導・助言が、絵からうかがえます。

考え方・表し方の違い

子どもの考え方は、その子の持っている知識・想像力・技能力・体験によって異なります。そのため、表現を工夫するプロセスにおいて、経験を通じて培った思考力などが表現の違いとして生じます。

運動会（5歳児）

グランドを上から見た視点で描き、万国旗はグランドに対して転倒式で捉えています。

グランドに張られたロープとその杭が印象深い思いとして表現されています。トラックでは、リレーと障害物競争の両方を時間差表現で描いています。リレーのバトンが矢印記号と共に走った順の走者がいるのも5歳児らしい表現です。

グランドには参加した競技の障害物競争・リレー・組体操の全てを描いています。どの競技も楽しんで一生懸命に取り組んだ子どもの思いが伝わります。

画用紙に合った色の作り方

題材を決め、絵の雰囲気に合わせて色画用紙を選んだら、次は色作りをします。登場する人物や物の色を決め、台紙となる画用紙の色に合わせて色作りをすることは、作品全体の雰囲気を決める、とても重要なポイントとなります。絵のイメージに合った色作りに挑戦してみましょう。

1 登場する人物や物を描く色に画用紙の色を混ぜる

絵の具に画用紙の色を少量ずつ加えていきます。画用紙の色が入ることで、絵の具と画用紙が同系色になり、落ちついた雰囲気になります。どれくらいの量を混ぜるかは、少量ずつ加えながら試し塗りをすることで調整しましょう。

例 クマ・キツネ・ウサギたちが雪の中でスキーをする絵を描く。

● **画用紙…青色**
　スキー場をイメージし、寒色系にします。そして雪の表現がはっきり見えるようにするための配慮として、少し濃い青にします。

● **作り方**
　● クマ……茶色 ＋ 水色
　● キツネ…黄土色 ＋ 水色
　● ウサギ…ピンク ＋ 水色
　○ 雪………白 ＋ 水色

【画用紙の水色を加えずに描いた絵】
はっきりした強い印象になります。

【画用紙の水色を加えて描いた絵】
落ちついた優しい雰囲気になります。

2 登場する人物の色を混ぜて、色数を増やす

1の方法で作った登場人物・物の色に加えて、色数を増やしたい場合は、新しい色を使うのではなく、現在使用している色を混ぜ合わせて色数を増します。この色は「つなぎの色」といいます。

例 クマ・キツネ・ウサギの色を混ぜて服・マフラー・帽子などの色を作る。

●作り方
1 で作った登場人物を描く色を混ぜることで色数を増やします。

〈混色例〉
- ● クマ(茶色 ＋ 水色) ＋ ● キツネ(黄土色 ＋ 水色)
- ● クマ(茶色 ＋ 水色) ＋ ● ウサギ(ピンク ＋ 水色)
- ● ウサギ(ピンク ＋ 水色) ＋ ● キツネ(黄土色 ＋ 水色)

【つなぎの色で服・マフラー・帽子などを描いた絵】
クマ・キツネ・ウサギのどの部分に使っても、全体的に調和がとれた色相になります。

上記の1・2の方法で色作りをすると、画用紙の色を基本としているため、全体的に調和のとれた色相になります。同系色の落ちついた色の組み合わせには、そこにポイントとなる色を加えることで、画面にアクセントをつけて全体の印象を引き締めることもできるので効果的に使ってみましょう。
上記の例の場合は、青色の反対色であるオレンジ・黄系か、中間色の黄緑を加えるとアクセントになるでしょう。

3歳児 生活画

イチゴがり

こんなたいけん
遠足で行ったイチゴがり。まっ赤に育ったたくさんのイチゴに子どもたちは大喜びで「ワァー甘くておいしいネ!」とお腹いっぱい食べました。

ねらい
- イチゴがりに行った楽しい経験を絵で表現する。
- 油性ペン(またはクレパス)を使って、のびのびと大きく描く。

配慮
- イチゴを描く絵の具は、線描での表現を遮らないように薄く溶く。
- 色画用紙の色は、イチゴの色が引き立つように淡い色を選ぶ。

1学期

準備するもの
- 油性ペン(またはクレパス)
- 絵の具
- 色画用紙

活動のポイント
- イチゴを間近で観察し、また収穫して食べた経験を話し合うことで、イメージを膨らませましょう。

▲迷いなく描いた顔の輪郭線に「こんなに髪の毛があるの?」と声をかけたくなるほど、油性ペンで描いた髪の毛の一本一本が丁寧で、描いた子どもの姿と重なります。

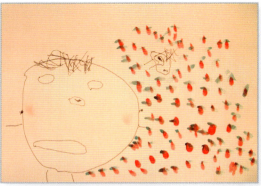

▲左側の人物の大きな顔と、対照的に並んだ無数の小さなイチゴの粒の絶妙なバランスがいいですね。

▼クラスのお友だちを全員描いたのでしょうか? イチゴ畑に並んで楽しそうにイチゴがりをしている様子が表現されています。

▲緑のクレパスで描いた絵です。画面全体が赤と緑のイチゴカラーでまとめられています。人物の鼻の穴がしっかり塗られているところが、頭足人表現の手足の塗り込み具合と相まって、おもしろいリズム感を生んでいます。

3歳児 キリンさん見たよ

生活画

こんなたいけん
遠足で行った公園で見たキリンさん。「首ながーい!」「大きいなー」と興味深々!!

ねらい
★ キリンをイメージし、特徴を捉えて描く。
★ 絵の具・筆の使い方を知り、楽しんで描く。

配慮
★ 濃い色画用紙に黄緑の絵の具を使って描くことで、形をはっきりさせ、強さ・大胆さを表現する。
★ キリンの体の模様を描く絵の具は、薄目に溶く。

活動のポイント
● 長い首など、キリンの特徴を思い出して捉えることで、大胆に描きましょう。

準備するもの
● 絵の具　● サインペン　● 色画用紙　● コンテ

1学期

◀ 正面向きで捉えていますが、首体と胴が一体になりました。

▼ 左側のキリンは顔と胴体(首)が一体化した頭胴足人表現で描きました。右側は後に描いたと思われ、顔の下に首を描いています。これは先のキリンに首を描き忘れたことに気づいての表現ですね。きちんと自分で失敗した経験を生かしています。

▲ キリンを正面から見た形で描いています。首の下の少し膨らんでいるところが胴体です。きちんと首・胴体を捉えているところが素晴らしいですね。足も正面から見ているので2本です。胴体から手らしきものがあるのは3歳児らしくホッとする表現でおもしろい作品です。

◀ のびのびと描いたキリンは、あまりキリンらしくはないですが、堂々としています。周りでキリンを見ている人物も、一人ひとりが丁寧に描かれています。物事にいつも前向きに取り組み、生活力の豊かな子どもの姿が絵から読みとれます。

3歳児 生活画
ゾウさん見たよ

こんなたいけん
遠足で動物園に行き、いろいろな動物を見ました。特に印象深かったゾウさんを描いてみよう!!と絵の具で描くと……!

ねらい
★ 印象深いゾウの形を思い浮かべ、一人ひとりの表現を大切にする。
★ 絵の具で大胆に表現する。

配慮
★ 大胆に表現できるように、絵の具をたっぷりふくむことのできる太筆を用意する。
★ 一気に描くことを考慮し、絵の具の伸びがよくなるよう、少し薄く溶く。

活動のポイント
● 一般的なゾウの形を求めるのではなく、3歳児独特の頭足人表現を大切に見守りながら個々の捉えるゾウの形を確認しましょう。

準備するもの
● 絵の具　● クレパス　● 色画用紙

1学期

◀ 正面から見たゾウの鼻が印象深かったのか、う〜んと長く伸びています。クレパスで描いた周りの人物は頭足人表現ですが、ゾウはきちんと4本足で立ったしっかりした形で表現しています。

▶ 中央に描かれた大きな顔、その周りに描いた大きな丸はゾウの胴体です。左右に2本ずつ足があり、右足の下にある小さな丸はしっぽです。見た形を素直に表現した絵ですね。

▲ この絵はゾウの顔と胴体を横向きで捉えています。2つの丸は左右の耳で2つ描いてますが、目は1つしか描かれていません。足は7本と、まだまだ幼い表現が絵のおもしろさとなってますね。一人ひとりの見方・感じ方の違いを大切にした導入や指導・助言が絵からうかがえます。

3歳児 ジャガイモほりしたよ

生活画

こんなたいけん
土の中に育ったジャガイモをスコップで掘ると、ゴロゴロ大きなジャガイモが顔を出しました。「かごにいっぱいとれたよ」

ねらい
★ 土の中のジャガイモの様子に興味を持つ。
★ 絵の具を使ってのびのびと表現する。

配慮
★ イモ・葉の色の絵の具は、画用紙の色に合わせて作り、人物はクレパスの単色で描くようにする。

活動のポイント
● 掘った時の様子を話し合うことで、イモの形・葉の付き方などをイメージできるようにしましょう。

準備するもの
● 絵の具　● クレパス　● 色画用紙

▶ 人物よりも、ジャガイモを大きく描いたのは、掘り出すことに苦労した体験を表現したのかもしれません。思いきり大胆に描いたつるの線も、大収穫だった満足感の表われですね。

◀ ジャガイモの表皮のブツブツが印象深かったようですね。規則正しく並んだ点々とイチゴのように捉えられたジャガイモの形が絶妙なバランスで空間を構成しています。

▲ ジャガイモ畑の畝（うね）に一列に並んで、スコップで掘っている子どもたちの様子が目に浮かびますね。横並びの人物表現に対して、緑色の茎の力強い縦線が画面全体を強くする役割になっています。

1学期

3歳児 生活画 あめふり

こんなたいけん

梅雨になると毎日のように雨の日が続きます。傘をさして通園する子どもたち。「いっぱい雨が降ったら顔がぬれるよ」と、それぞれの雨の日の思いを話し合いました。

1学期

準備するもの
- クレパス
- 絵の具
- 色画用紙
- コンテ

ねらい
- ★雨の日の通園の様子を話し合い、思いを広げる。
- ★クレパスでゆっくり丁寧に描く。

配慮
- ★雨をたくさん描く事を考慮し、絵の具は薄く溶いておく。

活動のポイント

- ●雨の日の様子について話し合い、傘の持ち方・雨つぶなどに思いをめぐらせてみましょう。
- ●特に傘の形や持ち手・雨の降らせ方の表現からは発達や経験の個性がみえるので、一人ひとりの表現を大切に見守りましょう。

◀この絵は3人の人物の並びと傘の上に降る雨の表現がいいですね。たくさん描きがちになる雨の表現ですが、心のこもった雨つぶを大切に描いています。

◀一見すると「どうなっているの?」と疑問に思ってしまう絵ですが、よく見ると人物が2人います。大きな目・鼻・口・その上には髪の毛があり、そしてその上にもう1人の人物がいます。輪郭線のない人物表現ですね。クレパスで力強くWWWと描いたのは傘だそうです。なんとも言えない3歳児ならではのかわいい表現ですね。

▶大きな傘の中には人物がそれぞれ2人描かれています。お母さんと一緒に傘をさして仲よくお話をしながら歩いている様子が伝わります。日常の姿なのでしょう。この絵のように、実際に経験して知っていることと・知っている形を絵にするのが子どもの表現ですね。生活での経験が満載です。

3歳児　お話の絵
ライオンはかせのはなやさん

こんなおはなし

ウサギくんは大事に育てたタンポポをライオン博士にプレゼントしました。そこでライオン博士は花の研究をし、見たことのない花を発明。そして…。

ねらい
★ 絵本の話を理解し、ライオンに興味を持つ。
★ 絵の具で大胆に表現する。

配慮
★ ライオン＝茶色という考えに捉われず、3～4色の類似色を用意し、色の組み合わせを楽しむ。

活動のポイント

● 幼児は基本的に、線で描きますが（線描）、ライオンの形をどう捉えて描くのか、一人ひとりの表現を見守りましょう。特にたてがみの線と手足の線をどのように工夫するかを大切に見守りましょう。

準備するもの
● 絵の具　● クレパス
● 色画用紙

1学期

◀ 3頭のライオンを描いています。左下のライオンは擬人化表現で捉えているので、顔には鼻・髭、そして2本の手があり、2本足でしっかり立っています。しかし、目だけ描き忘れたのでしょうか？目がありません。不思議なライオンですね。

▲ 足がとても長く、力強く立ち上がったライオンです。茶色の絵の具で左右の下に手らしきものが描かれています。3歳児らしい頭足人表現です。

▲ 画用紙いっぱいにライオンの顔が描かれています。顔の中を絵の具で塗りだしたのですが、なぜか途中で止まっています。それが幸いしてか、ライオンのたてがみがしっかりと表現され、かわいくなりましたね。

3歳児 お話の絵
おおきなかぶ

こんなおはなし
おじいさんが植えたカブの種から大きなカブができました。「うんとこしょどっこいしょ」と抜こうとしますが抜けません。困ったおじいさんは、おばあさん・まご・イヌ・ネコ・ネズミを呼びますが…。

ねらい
- ★ 大きなカブや登場人物に興味を持ち、表現を楽しむ。
- ★ 筆の使い方に慣れ、絵の具で楽しんで描く。

配慮
- ★ 白いカブが目立つように、画用紙は濃い色を使う。ただしクレパスでの線描がはっきり見えるようにも配慮する。

活動のポイント
● 大きなカブを絵の具で大胆に表現し、葉っぱの形に個性が出るよう、個々の表現を大切にしましょう。

1学期

準備するもの
- ● 絵の具
- ● クレパス
- ● 色画用紙
- ● コンテ

▼ 左から右に力強く伸びた数枚の葉の勢いが、絵を描いた子どもの性格を表しているのでしょう。人物表現もかわいいですね。

◀ おじいさん・おばあさん・まご・イヌがカブを引っぱるお話なのですが、大きなカブを持ち上げて運んでいるようにも見える不思議な絵です。子ども自身が画用紙をあえて縦向きにして描いたそうです。

▲ 筆に絵の具をたっぷりつけ、塗り広げてできた大きなカブの上に、ちょこんと描いた葉の形がおもしろいですね。一人ひとりの捉え方を大切に見守る保育者の姿勢や声掛けがされているのが絵から伝わります。

▲ 夢中になって絵の具で葉を描いている間に、太陽のようなカブになりました。3歳児によく見られる表現です。しっかり塗られた人物の目の表現が個性的ですね。

3歳児 プールであそんだよ

生活画

こんなたいけん
小さいプールでも、子どもたちにとっては大好きな夏の遊びです。少しずつ顔をつけたり、カエルのように足をバタバタさせたり…。上手に泳げる子もそうでない子も、きっと一人前のスイマー気分…?

ねらい
★ 経験したことを思い浮かべ、楽しみながら表現する。
★ 筆の扱いに慣れ、のびのびと描く。

配慮
★ 人物の色がはっきり見えるように画用紙は濃い色を使う。
★ 顔の表情を大切にするため目・口は顔の絵の具が乾いてから描く。

活動のポイント
● 楽しかったプール遊びの経験を振り返って話し合うことで、泳ぐ時の様子がイメージできるようにしましょう。
● 線描と面描の捉え方の違いを見守り、3歳児特有の人物表現を大切にしましょう。

準備するもの
● 絵の具　● サインペン　● 色画用紙

1学期

▲ 顔に手足がついた3歳児らしい頭足人表現です。顔の横に描かれた絵の具の面は胴体です。未分化な形ですが工夫して描いています。

◀ 3人の人物が描かれていますが、3人共に泳ぎ方が違っているように見えます。クロール・平泳ぎ・それとも…。

▲ 上の絵と同様に、人物は頭足人表現です。しかしこの絵の場合は、2本足の空間に半円形で胴体を表現し人物を捉えています。この題材のように、裸になる経験を通して胴体を自然と認知するケースも多くあります。無理に胴体を表現するように教えるのではなく、経験を通しての認知を待つことも大切な援助方法といえるでしょう。

3歳児 ジャックとまめのき

お話の絵

こんなおはなし
ジャックは天まで伸びた豆の木に登り、雲の上にある巨人の城にたどり着きます。そして巨人の宝を持ち帰ろうとしますが巨人に見つかってしまい…。

ねらい
★ クレパスで巨人・ジャックをダイナミックに表現する。
★ クレパスの扱いに慣れ、しっかりと力を入れて線を描く。

配慮
★ 豆の木・つるの絵の具は薄く溶き、巨人やジャックなど人物表現の存在感が失われないように配慮する。

活動のポイント
● クレパスで線を描く時は、線が途中で途切れないように腕を大きく動かして思いきって描くようにしましょう。
● 豆の木・つるを描く時は、クレパスで描いた巨人やジャックと重ならないように気をつけましょう。

準備するもの
● クレパス ● 絵の具 ● 色画用紙 ● コンテ

◀ 大きく描いた人物のヒゲがクレパスで力強く塗られ、空の上の巨人の力強さを表しています。人物4人の繰り返す丸のリズムに対し、豆のつるを四角形で描いたことで、個性的な構成になりましたね。

▶ しっかり塗られた目・鼻・口から、ジャックの優しげな雰囲気が伝わります。ゆったりとした力で丁寧に心を込めて描いたクレパスの線に、この絵を描いた子どもの素直な心が込められていますね。

▲ 絵の表現から、まだ幼く控え目な子どもの様子が伝わります。

3歳児 お話の絵
にんじんばたけのパピプペポ

こんなおはなし

なまけもののブタの兄弟がニンジンを拾いました。一口食べるとあら不思議‼もりもり元気がわいてきて、ブタの兄弟は働き者になりました。そしてそのニンジンを育てることに…。

ねらい
★ ブタの特徴を捉え、のびのびと描く。
★ クレパスや絵の具でダイナミックに表現する。

配慮
★ ニンジンを描く絵の具は、クレパスの線を遮らないように薄く溶く。

活動のポイント

- ブタの顔の形や特徴を子どもと話し合うことでイメージをかため、自分なりの表現で描けるように一人ひとりの思いを大切にしましょう。
- ニンジンの形に個性が表れるので、描く場所・形を大切に見守りましょう。
- ニンジンを描く時は、クレパスで描いたブタと重ならないように気をつけましょう。

準備するもの
- クレパス
- 絵の具
- 色画用紙
- コンテ

2学期

▲クレパスでしっかりと描いたたくさんのブタたちはあちらこちらと向きは様々ですが、上手に"はめこみ"をしながら描いてます。そして何より、画用紙の空白いっぱいにニンジンが入り、緑色の葉が点々と並び、空間をリズミカルに楽しく構成しています。

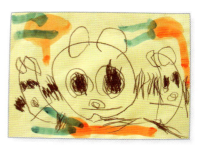

▲ブタが皆疲れて眠っているように見えます。このブタたちの耳は他の子どもの表現とは違い、人間の耳の形として捉えています。もしかすると初めての動物表現だったのかもしれません。ブタ・ニンジンの並び方に規則性があり、根気力・集中力を持って取り組める子どものようですね。

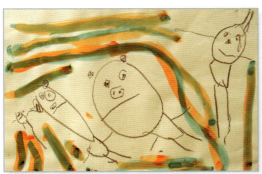

▲右の絵と異なり、空間に力強さを感じさせるニンジンに動きと流れがあります。

▲画面に描かれた2匹のブタと、その下に小さなニンジンが1列に並んでいます。画用紙に空白があると、つい「もっと描きましょう」と指導しがちですが、これくらいの余白のあり方も大切です。ほのぼのとする表現ですね。

3歳児 きつねとぶどう

お話の絵

こんなおはなし
お腹をすかせた子ギツネのために、母ギツネは遠い村までブドウを取りに行きますが、そのまま帰って来ません。子ギツネは母ギツネを探しながら大きくなっていきます。自らを犠牲にして子を助けた母の愛を描いたお話です。

ねらい
★ 仲良しの親子ギツネと豊かに実ったブドウを想像し、のびのびと表現する。
★ 絵の具・筆の扱いに慣れ、丁寧に描く。

配慮
★ 濃い色画用紙に黄土系の絵の具を使うことで形をはっきりさせ、力強さを伝える。
★ 白の絵の具をシッポ・耳に入れることで、キツネの雰囲気を表現する。

活動のポイント
● キツネの顔を線で描くのは、3歳児の特徴です。線描・面描どちらで表現するかは一人ひとりにまかせて表現を見守りましょう。

準備するもの
● 絵の具　● 油性ペン　● 色画用紙

2学期

▶ 画用紙は横向きなのに、キツネだけなぜか傾いてしまいました。これはキツネの顔の輪郭線が縦長になり、足が下に描けなくなったので、右横に傾けたのではないかと考えられます。うまく工夫していますね。2本足の間にある胴体とその先にある白いしっぽの表現が更におもしろく、3歳児らしい表現です。

▶ 頭足人表現で描かれたキツネです。白色の絵の具で手・足を描き、左側下の足の右側にはしっぽが描かれています。

▲ キツネ色の絵の具で塗り広げていくうちに、形が解らなくなったのでしょう。無理矢理に形を求めるのではなく、この絵のようにぬたくりを楽しむことも大切です。目・口を描けば立派なキツネになりました。保育者の適切な助言があったことがわかります。

▲ 右側のキツネの耳と耳の間に伸びている線はキツネの鼻だそうです。長く伸びた鼻がとても印象深かったのでしょう。おもしろい捉え方ですね。それぞれの子どもの感性・個性の違いとして見守り、大切にしたい表現です。

18

3歳児 こびとのくつやさん

お話の絵

こんなおはなし
貧しいながらも良い靴を作り続ける老夫婦に、思いがけない幸運がやってきました。何とおじいさんとおばあさんが眠っている間に、こびとたちがやって来て素敵な靴を作ってくれたのです。そしてその靴屋は…。

ねらい
★ 絵本の話を思い返し、描きたい場面をイメージして描く。
★ 筆の使い方に慣れ、絵の具で楽しんで描く。

配慮
★ 靴を描く絵の具の濃度を薄くすることで、物語のかわいい雰囲気を表現できるよう絵の具の濃度への配慮を行う。

活動のポイント
● 自分たちがこびとになったつもりで、どんな靴を作りたいかイメージして、絵の中での靴作りを楽しめるようにしましょう。

準備するもの
● 絵の具　● サインペン　● 色画用紙

▶ 2つの靴を取り巻くように小さなこびとたちがいます。どのこびとも丁寧にゆっくりとした線で表現していますね。

▲ 小さな靴が点々とし、梯子（はしご）の線で繋がっています。たくさんのこびとは、お揃いの帽子をかぶり、ちょっとおしゃれな感じですね。

▲ 靴の形は塗り広げている間にこんなに大きくなりました。こびとの手と空の雲の線が画面に動きを出しています。

▶ 梯子（はしご）か汽車の線路のようにも見える絵です。人物表現にまだ幼さがあり、筆圧の弱さも見られます。ゆっくり力を入れて描くように声掛けをするといいですね。

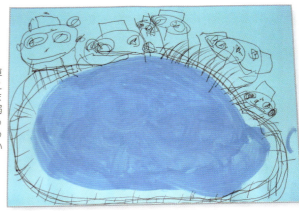

2学期

3歳児 大玉ころがししたよ

生活画

こんなたいけん
晴天の中、運動会が始まりました。毎日頑張って練習した競技を、お家の人に見てもらったのですが…。自分より大きな大玉を転がすとコロコロどこへ転がっていくやら…。

ねらい
★ 自分の頑張った競技を思い出し絵に描く。
★ 絵の具でダイナミックに表現する。

配慮
★ 絵の具をたっぷりとふくめて大胆に塗り広げができるように太い筆を用意する。

活動のポイント
● 大玉転がしをした時の様子を話し合い、自分の手の動きや玉の大きさを思いうかべて描くようにしましょう。

準備するもの
● 絵の具 ● クレパス
● 色画用紙

2学期

▶太筆で思い切り塗り広げた青玉は、のびのびと表現されています。
大玉が大きくなり過ぎたにもかかわらず、人物は空いた空間にきちんと描き、3歳児なりに画面を整理しているのが凄いですね。両端に描いた2本の線はスタートラインとゴールなのでしょうか？

◀クレパスで大玉をしっかり塗りこんでいます。コロコロと転がす人物とその後ろで順番を待つ人たち。大玉を囲むもう一本の丸の線は運動場でしょうか？ 当日の頑張った雰囲気が伝わります。

▲大玉ころがしの競技なのですが、まるで大玉運びのように見えます。一味違うおもしろい捉え方です。このような個性的な表現もしっかり認めていきましょう。

▲黄色い大玉を転がす人物の表情と手の動きがいいですね。思わず微笑んでしまいます。運動会の種目の中で1番力を入れて頑張った競技だったのでしょうか？

3歳児 イモほりしたよ

生活画

こんなたいけん
遠足でイモ掘りをしました。サツマイモ畑には大きなイモから小さなイモまで様々…。土の中からサツマイモが出てくると大喜びで一生懸命に掘っていた子どもたちです。

ねらい

* イモ掘りの経験を絵の具でのびのびと描く。
* イモの大きさや形を意識しながら、面と線で楽しく表現する。

配慮
* イモの形や色が生かせるよう、画用紙の配色を考えたり、掘っている自分などの人物表現はクレパスの単色で描くようにする。

準備するもの
* 絵の具
* クレパス
* 色画用紙

活動のポイント
* イモを掘ったときの様子を子どもたちと話し合うことで、イモやイモの葉の形・付き方などをイメージできるようにしましょう。

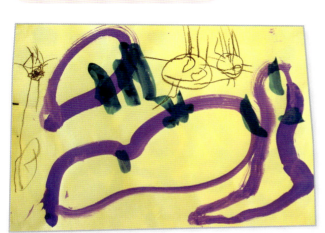

▲サツマイモのデコボコした形を自分なりに捉えようとがんばっている様子が伝わります。3歳児は線表現が主になり、色への興味が強くなるにつれて色を塗る育ちになります。塗る塗らないは子どもたちに任せるようにしましょう。

◀小さなサツマイモがたくさん出てきたのでしょうか？画面いっぱいにサツマイモを表現しています。サツマイモのつるの線が上手に空間に入り、画面に動きがでましたね。

▲「いっぱいくっついて出てきたよ」といくつかのイモがくっついて出てきたことが印象に残っている様子がうかがえます。茎・葉の表現も個性的でいいですね。

▲「おイモ大きかったよ」と、大きなイモが掘れて嬉しかった様子が筆の動きと絵の具のたまりから読みとれます。大胆な表現がいいですね。

2学期

3歳児 14ひきのかぼちゃ

お話の絵

こんなおはなし
ネズミのお父さんの提案で、家族みんなでカボチャの種まきをすることになりました。畑いっぱいに大きく育ったカボチャを穫りに14ひきのネズミたちはでかけていきます。そして…。

ねらい
- 絵本を見てカボチャの育ちを知り、収穫の喜びをネズミになったつもりで味わいながら絵を描く。
- 大きくカボチャを描く。
- 絵の具とサインペンを使い分け楽しんで描く。

配慮
ネズミのかわいらしさ、優しさを大切にするために、大胆に描くカボチャの絵の具の濃度はかなり薄くしておく。

活動のポイント
● 大きいカボチャは筆でダイナミックに描き、小さいネズミはサインペンで丁寧に描くなど、自分なりに工夫できるようにしましょう。

準備するもの
- 絵の具
- サインペン
- 色画用紙

2学期

▲中央で寝転がっているのはおじいちゃんネズミでしょうか？その周りにも、たくさんのネズミたちがいます。数えてみるとカボチャの中には、きちんと14匹のネズミがいるのには驚きですね。

▲大きなカボチャの家です。葉の線かと思われますが、14匹のネズミたちと線・点の記号がバランスよく配列されています。絶妙な間隔がいいですね。

▲カボチャの中が、ネズミの家になったのですね。お父さん・お母さんねずみたちのニコニコ笑顔が、ゆったりとした雰囲気を表現しています。カボチャの周りの点々は葉っぱなのでしょうか？ トントンと筆のリズミカルな音が聞こえそうです。

3歳児 お話の絵
どうぶつ山のクリスマス

こんなおはなし
どうぶつ山に住んでいる子ぐまのクータは、サンタのおじいさんにお願いして、いなくなったお父さんとお母さんを探しに行くことになり…。

ねらい
★ 紙芝居を見て印象に残った場面をイメージして描く。
★ クレパスで動物を大胆に表現する。
★ 筆の扱いに慣れ、雪や靴下を丁寧に描く。

配慮
★ 動物の表情をかわいく伝えるために、クレパス・サインペンなどの線材料で描き、お話の雰囲気に合わせて色画用紙や絵の具の色相を考慮する。

活動のポイント
● 自分の家にも、サンタクロースが来てくれることに期待して、絵本の内容に興味を持って取り組めるようにしましょう。

準備するもの
● クレパス ● 絵の具 ● 色画用紙

◀ サンタさんの顔の表現から、理解力が高く、しっかりと表現する能力のある子どもだと思います。特にこのサンタさんの鼻は特徴的な表現をしていますね。しかし、周りに描いた動物たちの表現を見ると、まだ幼さが残り、育ちのアンバランスさが味となっています。

◀ 力を入れてゆっくりとクレパスで描いた絵です。筆圧もしっかりして、最後まで自分なりの思いを丁寧に表現しています。描いている記号はすべて3歳児独特の擬人化表現ですが、耳や角の特徴を生かしてクマやウサギなどの違いを表現しています。

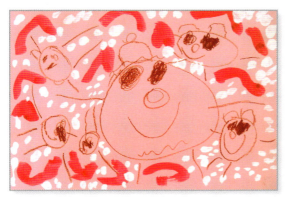

▲ たどたどしいクレパスの線の表現です。大胆な性格ですが、形の捉え方や筆圧などは弱く幼いです。円もまだ単円に閉じていないようです。

2学期

3歳児 おねぼうサンタのクリスマス

お話の絵

こんなおはなし
クリスマスの日、1人の寝ぼすけサンタクロースが目を覚ますと、他のサンタクロースは既にトナカイに乗ってプレゼント配りに出発!慌てたこのサンタクロースはパジャマのまま出かけようとするのですが…。

ねらい
★ お話の内容を楽しみ、クリスマスへの期待感を持つ。
★ 絵の具で大胆にサンタを描くことを楽しむ。

配慮
★ 顔・手足を描いたら、絵の具が乾くのを待たずにパジャマを描こうとするので、パジャマの絵の具は濃く溶いておく。

活動のポイント
● 頭足人で表現する3歳児にとって、サンタクロースの服をどこに描くのかが悩みの種です。足の間・顔の中・そして顔の輪郭にと、それぞれの捉え方を個性として見守りましょう。

準備するもの
● 絵の具 ● クレパス ● 色画用紙

2学期

▲頭足人表現でサンタを描いたのですが、パジャマを描くところに迷ったのでしょう。顔の輪郭線に沿って描いています。そして2本足の間に水色でズボンを描いています。発想のおもしろさに思わず微笑んでしまいますね。

◀大胆な線で、一気にサンタを描いています。パジャマをどこに描こうか悩んだ結果、顔の中に描きました。これは頭胴足人表現といって、顔と胴体を一体化して描く3歳児特有の表現です。おもしろいのは2つの口です。顔・手・目・口を描いたのですが、服を着せた事で考えが整理できなくなったのでしょう。かわいい絵ですね。

▶横向きの方向でサンタを描いています。トナカイや動物たちは正面向きです。原因は、いつも絵を一緒に描く友だちとの位置関係から来るものです。座る位置に配慮すると元に戻ります。

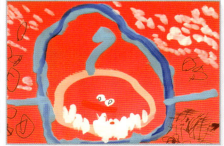

▶顔の外側に描いた水色・青色の丸形はパジャマです。水色の上に青色を重ねることでシマシマ模様を表現しています。パジャマには長袖・ズボン・帽子もついています。この子どもなりに一生懸命考えて表現した様子がうかがえます。楽しく個性的な表現です。

24

3歳児　うさこのサンタクロース

お話の絵

こんなおはなし

うさこはサンタさんへ「赤ちゃんをください」と手紙を書きました。サンタさんたちは困ってしまいます。だって赤ちゃんは誰にとっても一番大切な宝物ですもの。クリスマスの夜の優しい心が聞こえるお話です。

ねらい
★ ウサギ・サンタクロースなど子どもたちの身近に感じる題材のお話に興味を持ち、イメージして表現することを楽しむ。
★ 絵の具の色を使い分けて、のびのびと描く。

配慮
★ ウサギと雪との表現に違いが出せるよう、雪の色は濃度を薄目に調整する。
★ 雪を描く筆は、雪粒が描きやすいように細筆を使う。

活動のポイント
● ウサギをイメージしながら大きくのびのびと描けるように、ウサギの特徴やサンタクロースの服など、絵本の中で語りかけ捉えていきましょう。
● 雪はどのように降るのかを話し合い、イメージを広げましょう。また、筆を立てて描くことで、雪を点で表現してみましょう。

準備するもの
● 絵の具　● クレパス　● 色画用紙

2学期

▲絵の具でしっかりと塗り広げてウサギを描いています。左端の白く塗った形はウサギの胴体です。そしてその下の丸はシッポではないかと思われます。

◀たどたどしい筆の運びですが、一気にウサギの顔を描いています。本人なりにウサギの耳を2つ描こうと意識した線の変化がおもしろいですね。それにもかかわらず、頭には小さな耳が2つ。失敗したので描き足したのでしょうか。そして手と足の赤いサンタの服の位置が楽しげです。3歳児ならではの表現ですね。

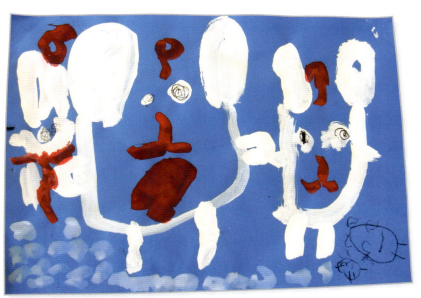

▲耳を2つ描いてから顔の輪郭線でくっつけるという、おもしろい捉え方でウサギを表現しています。この方法は、兄や姉など年上の人たちの人物の描き方から学んでいるのかもしれません。帽子が今にも落ちそうですがいいですね。

3歳児
おしゃべりなたまごやき

お話の絵

こんなおはなし
ある国の王様は、小屋にぎゅうぎゅう詰めになったニワトリをかわいそうに思って逃がしてしまいます。兵隊たちはニワトリを逃がした犯人を捜しますが見つかりません。ところが夕食の目玉焼きがしゃべり出して…。

ねらい
- 絵本を見てイメージを膨らませて描くことを楽しむ。
- 塗り広げの方法を知り、のびのびと描く。

配慮
- 王様たちを描く線の表現が強調されるように、ニワトリを描く絵の具は、少し薄い濃度で溶いておく。

活動のポイント
- 頭足人表現の3歳児にとって、ニワトリがどんな形になるのか、一人ひとりの捉え方を見守りましょう。

準備するもの
- 絵の具
- サインペン
- 色画用紙

3学期

▲勢いよく筆が動いています。特にトサカの赤色が画面を区切り、今にもニワトリが羽を広げて逃げ回りそうです。目を描き加えることで、ニワトリに見えるのも不思議です。

▲白の絵の具でニワトリを描いている間に、全員くっついたのでしょう。トサカ・口ばしを描く段階までは何となくうまくそれぞれを認識していたようですが、最後にペンで目・口を描きだすと、ニワトリだらけになりました。3歳児らしいかわいい表現です。

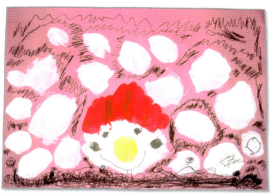

▲たくさんの卵に囲まれて、うずくまるニワトリが一羽。卵と卵との間のペンの線は何なのでしょうか？ 空間をつめて描くことで卵を温めている雰囲気が表現されています。

▶ニワトリのトサカがこんな形になるのも子どもらしい自由な表現です。子どもの見方・捉え方・感じ方を認めた表現のよさですね。

3歳児 おむすびころりん

お話の絵

こんなおはなし
おじいさんが食べようとしたおむすびがコロンと穴に落ちました。その穴をのぞいてみると、かわいい歌声が聞こえてきました。♪おむすびころりんすっとんとん♪一体誰が歌っているんでしょう?

準備するもの
● クレパス ● 絵の具 ● 色画用紙 ● コンテ

ねらい
★ 絵本で見たお話の世界を想像して、描くことを楽しむ。
★ 腕を大きく動かし、力を入れてクレパスでネズミを描く。

配慮
★ 濃く溶いたおにぎりの白色絵の具と、少し薄く溶いたのりの黒色が筆の動きで自然と混ざり合うことで、暖かいおにぎりの形を表現し、主役のネズミの表情を強調する。

活動のポイント
● たくさんのネズミさんが楽しく歌っている様子などを話し合い、ネズミの形がイメージできるようにしましょう。

▶ ネズミの鼻とホッペの表現が眼鏡をかけているようにも見えます。おにぎりとのりの丸い形が繰り返し並ぶことで画面全体がまとまっています。

▼ まず大きな丸を描き、その中に2つの目があります。さらにその中にまた丸を描いてネズミを描いています。大きすぎて描き直したのかもしれません。髭と手足の線は自信なさそうですが、おにぎりはしっかり描けています。保育者のほめの声があったのかもしれません。

▶ 大きく描いたネズミには、足が8本あります。髭を描いた後に描いたのでしょう。描くことに夢中になると数を忘れてしまいますね。おもしろいのは、おにぎりの大きさと並びです。左端にトントンと描いた小さな点のおにぎりと、ネズミの大きさがアンバランスで楽しい構図となっています。

3学期

3歳児 お話の絵
かさこじぞう

こんなおはなし

心の優しい善良なおじいさんが雪の中で笠を売っていました。寒そうなおじぞうさまを見て、おじいさんは売り物の笠をかぶせてあげました。夜におじいさんとおばあさんが寝ていると…

ねらい
★ かさこじぞうのお話の内容を理解し、好きな場面を思い思いに描く。
★ 絵の具の塗り広げの方法を知り、楽しむ。

配慮
★ 雪の絵の具の濃度は少し濃くする。

活動のポイント
- 「雪がどこから降るのかな」と話しかけ、丁寧に描くように伝えましょう。
- 塗り広げていくことで、大きなおじぞうさまが描けることを知らせましょう。
- おじぞうさまをイメージしながら大きくのびのびと描けるように、おじぞうさまの特徴や笠・前かけなどの特徴を絵本の中で語りかけることで伝えましょう。

準備するもの
● 絵の具 ● クレパス ● 色画用紙

◀ 絵の具で塗り広げている間に、おじぞうさま同士がくっついてしまったのでしょう。寒い冬空に仲睦まじく、くっつき合うおじぞうさまに暖かさを感じます。雪は2、3歳特有のスクリブルで表現されています。

▶ 縦長に描いたおじぞうさまです。胴体があると思いきや、全てが顔です。口の位置がう〜んと下にくることで、寒さに震えたおじぞうさまの表情に見えるのが不思議です。雪の点々の表現もいいですね。

▲ はめこみをしながら描いた7体のおじぞうさま。笠の上に降り積もる雪の白が空間を埋め、程よいアクセントになっています。

▲ 何となく塗っている間にくっついて境目が解らなくなったのでしょう。しかし、クレパスで4体の顔を描き、表現した発想は素晴らしいですね。雪が一ヶ所にまとまって降っているのも、良いバランスです。つい、もっと描いてごらんと声をかけてしまいそうですが、子どもの感性に委ねるのも大切ですね。

3歳児

お話の絵
てぶくろ

こんなおはなし
おじいさんが雪の上に落とした手袋の中にネズミが住むことにしました。すると色々な動物たちが中に入れてほしいとやって来ます。動物たちが次々に手袋の中に入り、手袋は今にもはじけそうです。

ねらい
★ 絵本を見て、自分の描きたい手袋をイメージする。
★ 絵の具でダイナミックに描く。

配慮
★ 大きく塗り広げが出来るように、筆は太筆を用意し、絵の具も少し濃い目に溶く。

活動のポイント
● 雪が静かに降っている様子を伝え、雑な表現にならないよう声をかけましょう。
● 「手袋の中にたくさんの動物を入れてあげよう」と声をかけ、絵の具を何度もつけて、塗り広げるよう伝えましょう。

準備するもの
● 絵の具　● 油性ペン　● 色画用紙

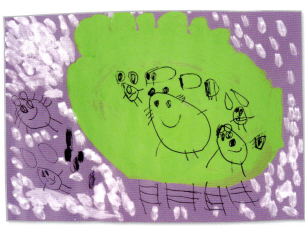

▲ しんしんと降り積もる雪の雰囲気が表現されています。この場合、雪の濃度を少し薄く溶き、白絵の具に画用紙の紫色を小量だけ加える配慮がされています。このような絵の具の色づくりでの配慮も、保育者の大切な役割です。

▲ 「ぎゅうぎゅうで、もう入れないよ」と声が聞こえてきそうな手袋の中は動物でいっぱいです。カエルさんたちの入る余裕はないようですね。横に並んだ雪の点々が、空いた空間に余韻を持たせています。リズミカルな筆の動きも、いいですね。

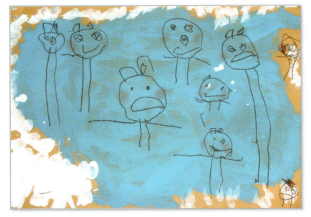

◀ 手袋の周りにスクリプルで雪を描きました。几帳面な子どもの性格が伝わります。

3学期

3歳児 ゆきだるまはよるがすき！

お話の絵

こんなおはなし
寒い日、ぼくは雪ダルマを作った。でも次の日には帽子はずり落ち、腕もだらんと下がって、昨日とは全然違う姿に。どうやら夜になると雪ダルマは…。

ねらい
★ お話の内容を理解し、雪ダルマの形に興味を持つ。
★ 絵の具を使って、のびのびと表現する。

配慮
★ 雪ダルマ・雪の白色をはっきり表現するために、濃い色の画用紙を使う。

活動のポイント
● 雪ダルマの形は塗り広げている間に大きくなったり2体くっついたりと、思い思いの筆の動きで変化するものです。形を教えるのではなく、3歳児らしさと個性を大切に見守りましょう。

準備するもの
● 絵の具　● クレパス　● 色画用紙　● コンテ

3学期

▶ 大胆に力強く描いています。絵を描いた子どもは元気で快活な性格なのでしょう。足が2本、しっかり地面について、今にも歩き出しそうな雰囲気が漂っています。

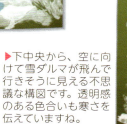

▶ 下中央から、空に向けて雪ダルマが飛んで行きそうに見える不思議な構図です。透明感のある色合いも寒さを伝えていますね。

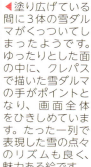

◀ 塗り広げている間に3体の雪ダルマがくっついてしまったようです。ゆったりとした面の中に、クレパスで描いた雪ダルマの手がポイントとなり、画面全体をひきしめています。たった一列で表現した雪の点々のリズムも良く、魅力ある絵です。

こんな絵もかいたよ

生活画　「お花の水やり」

▲耳が長いので、きっとウサギさんかな？クレパスで一気に大きく描いています。ピンク色の花なのでしょうが、茎と花の色が逆になっているのも3歳児らしいですね。

お話の絵　「たこさんあそぼう」

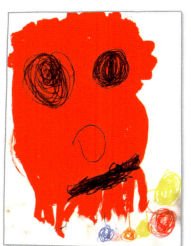

◀タコの形をイメージして塗っていても、塗っている間にどんどん形が広がっていくのが3歳児の塗り広げです。タコの足がいっぱいあるのも3歳児らしさですね。

生活画　「ぞうさんのシャワー」

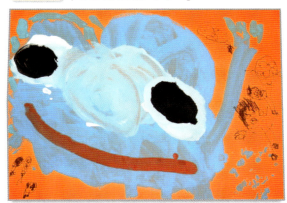

▲ゾウはグレー色と捉えがちですが、画用紙に合わせてブルーグレーを使うのはおしゃれですね。丸くしっかり塗った鼻と口が印象的です。

お話の絵　「おおかみと7ひきのこやぎ」

◀大胆に表現したオオカミの顔には、なんとなく手足のような線もあります。不思議なのは大きな口の中に子ヤギや石ころが。胴体と口が一体化したようですね。未分化な3歳児ならではの楽しさです。

生活画　「まめまき」

▲3人の鬼たちがいます。描いた順に子どもの心理面がうかがえます。まず最初に青鬼を頭足人で表現し、次に赤鬼を頭足人で表現した後で、胴体を描き足しています。これは友だちの表現を見て胴体に気づき、描き足した結果です。そして最後は、やはり頭足人に戻りましたね。

お話の絵　「はだかのおおさま」

◀3歳児とは思えない、しっかりした表現です。黄緑のパンツをはいた王様の優しい表情が全体の絵の具の色相からも伝わります。

4歳児 動物園にいったよ

生活画

こんなたいけん
春の遠足で動物園に行きました。ライオン・キリン・ウシ、いろいろ見た子どもたち。さて、その動物を絵に描いてみると…。

1学期

ねらい

- 遠足で楽しかったことを話し合い、思いを絵に表現する。
- 動物の特徴を捉え、絵の具でのびのびと描く。

配慮
- キリン・ウシなど白っぽい動物を描く場合は、青・茶など濃い色の色画用紙を使い、形・動きを強調する。

活動のポイント
- 動物を描く時は、線描・面描のどちらでも良いことを伝えましょう。
- 動物の見方・捉え方には子どもそれぞれの個性があり、発達や感性の違いがみられます。画一的な形を伝えるのではなく、一人ひとりの表現を大切にしましょう。

準備するもの
- 絵の具
- サインペン
- クーピーペンシル

▲ウシの顔の輪郭を一気に描いています。思い切ったシャープな線の中に描かれた幼い牛の表情に惹かれます。

◀乳牛のおっぱいの位置がいいですね。絵の具の白と黒が混ざり合うことで、鼻・耳の色相が落ちつき、色の味わいが出ています。

▲青色の色画用紙に黄色の絵の具という反対色の組み合わせは、黄色いキリンの形がはっきりと見える鮮やかな配色です。

4歳児 お話の絵
おおきなかぶ

こんなおはなし
おじいさんの畑に大きなカブができました。収穫しようと引っぱりますが、大きすぎて抜けません。おばあさんが手伝いに来て、「うんとこしょ、どっこいしょ」とがんばってもだめ。そして次々とやってきては…。

ねらい
★ 大きなカブを引っぱる様子を自分なりにイメージする。
★ コンテと絵の具の重なりによる色の変化を楽しむ。

配慮
★ コンテは力を入れて、しっかりと塗り、粉をたくさん出すことで、白い絵の具と混ぜて、カブの色に変化を出す。

活動のポイント
● コンテと絵の具の重なりは、筆の動きと絵の具の濃度で変化します。何度も同じ箇所を塗らないように伝えましょう。

準備するもの
● 色画用紙 ● 絵の具 ● コンテ
● 油性ペン ● クーピーペンシル

1学期

◀ おじいさん・おばあさん・まご、そして犬が力を合わせて引っぱるのですが、この絵には他にもたくさんの応援の人たちが来ていますね。どうやって抜こうかと考えた子どもの思いがうかがえます。

▼ カブをよく見ると、下から上に向かって同じ調子で筆を動かして描いた子どものリズム感が伝わってきます。集中して取り組んだのでしょう。同じ長さに揃った葉っぱの描き方からも、子どもの集中力・根気力を感じます。

▲ コンテと上から塗り重ねた白絵の具の混ざりが自然で、大胆に筆を動かし、のびのびと重ね塗りを楽しんでいる様子がうかがえます。カブの葉を引っぱる人物の手の線の表現もいいですね。

4歳児 はなさかじいさん

お話の絵

こんなおはなし
「ここほれ、ワンワン」、あまりに犬がほえるので、おじいさんはくわでその場所を掘ってみました。するとびっくり！

ねらい
- 絵本の話から桜の花に興味を持つ。
- 周りから塗り込む（塗りせばめ技法）ことで桜の花の形を意識して描く。

配慮
- 塗りせばめるときは、広範囲の塗り込みが必要なので、太筆を用意する。
- 塗りせばめる絵の具は、グラデーションになるように2色（同系色）を用意する。

活動のポイント
- 残る形を意識しながら、イメージに近づけていく感覚で描くようにするため、型取りをしてから塗っていかないように声をかけましょう。
- 春に咲く桜に興味を持ち、色や形などについて話し合いましょう。
- 花が咲く喜びを絵本を通して感じ、思い思いに描きましょう。

1学期

準備するもの
- 絵の具
- サインペン
- 色画用紙
- クレパス

▲左側に寄った木の幹は、塗っている間に太くなったのでしょうか？ 四角形に塗りせばめた桜の花に対して、この太い幹は何十人登っても折れることはないでしょう。

▲木の枝に1本だけ、自己主張した枝があります。思いきり力をこめて伸ばしたのでしょう。全体に繊細な雰囲気を感じます。

▶残す形をイメージしながら描く塗りせばめは難しい技法の1つです。桜の花の形を、かなり意識しながら形をとろうとしています。おじいさんが落ちないように頑丈な梯子（はしご）を描いた子どもの気遣いに優しさを感じます。

4歳児 ぐるんぱのようちえん

お話の絵

こんなおはなし
大きなゾウのぐるんぱは、ひとりで暮らして汚くて、いつもぶらぶらしています。ジャングルの会議で働きに出されることになり、きれいに洗ってもらって出発！ さて、どんなことが起こるのでしょう？

ねらい
★ ゾウの形の捉え方を一人ひとりの個性として認め、思いを大切にする。
★ 絵の具で大胆に表現する。

配慮
★ ゾウの動きや表情を大切にするため、子どもなどを描くペンは単色にしぼり画面をまとめる。

活動のポイント
● 画一的なゾウでなく、頭足人や擬人化表現など一人ひとりの感性を大切にし、導入時の言葉がけに気をつけましょう。

準備するもの
- 絵の具
- 油性ペン
- 色画用紙

1学期

◀ 横向きのゾウの形を捉え、1本線で描いています。横向きなのですが、耳と目・口・顔だけが前向きの顔面混合の表現で描き、絶妙なバランスを保っています。

▲ 横向きのぐるんぱです。鼻・顔・胴・そして2本の足のはずが3本あります。不思議なのは目と口の位置ですね。なんとも言えないかわいらしさがあります。

▲ ぐるんぱの大きな目が顔・胴体と一体化したようです。まるまると太ったゾウがよくて、大きな口の線が優しさを伝えています。

▲ まだゾウの形をうまくイメージできていないようです。耳・顔・足など未完成なゾウの形ですが、大きく描いた黒・赤の絵の具で、目・口がはっきりと強調され、全体をゾウとしてまとめています。力強さがあり、いい絵です。

4歳児 しずくのぼうけん

お話の絵

こんなおはなし

バケツから飛び出した水のしずくは冒険の旅へ。水蒸気になったり雨になったり氷になったり。気温や場所によって変化する水の不思議を冒険しながら、しずくちゃんはどこへ行くのでしょうか。

1学期

ねらい
- 絵本を見て、しずくが色々な姿に変化する様子をイメージして描く。
- クーピー・油性ペンで丁寧に描く。

配慮
- たくさんのしずくを描くには細かく表現しやすいペンを使う。(副材料として絵の具を使用する場合は必ず油性ペンを使用する。)

活動のポイント
- しずくがどんな時にどんな形に姿を変えるのかなどを絵本を通して話し合い、一人ひとりの描きたい場面のイメージに繋げるようにしましょう。
- 絵の具で最初に雲を描き、そこからしずくがどこへ降りて行くのかをイメージして、画面を構成しても良いでしょう。

準備するもの
- クーピーペンシル
- 色画用紙
- 油性ペン
- 絵の具

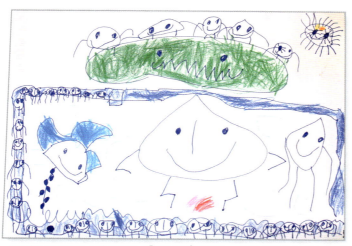

▲四角い雲の周りに無数のしずくたちがいます。一列にきちんと並んだ絵から、じっくりと活動に取り組む子どもの姿勢と集中力を感じます。

▼青の油性ペンを使って線で描き、一部の雲の部分を同じ油性ペンで塗ると、このように強さ、重量感、迫力が伝わり、効果的になります。雲から降る雨も、点々だけではなく、少し塗った点々にしたことで、画面のアクセントになりましたね。

▲大きく描いたしずくに対して、雲の上に乗っている、たくさんの小さなしずくたち。この大小の関係によって、バランスよく画面が構成されています。一つ一つの絵をゆったりとしたタッチで描き、自分の中にある思いを伝えています。

◀楽しい雰囲気が伝わる絵です。しずくと山を中心に、周りに様々な記号をはめこんでいます。雨の長い線がそれらを繋げる役割になっています。

▼「しずくちゃんはお天気になったらどうするのかな？」「お空に上がっていくのかな？」と、不思議そうに話しながら描いた子どもの思いが絵に表現されています。「お空に帰る時は迷子にならないように皆で手を繋ぐよ」と、つぶやきながら手をつないで描いたそうです。

▲中央に大きく描いた雲の周りを、しずくと雨粒が規則的に並んで囲んだ個性的な構図となっています。幼い表現の中に、しっかりと塗り込んだしずくの目の黒いペンの動きが画面の印象を強くし、流れをつくって効果的になっています。子どものかわいらしさがうかがえます。

▲3つ子のように並んだ雲と、その上にいるしずくたちは、大胆な表現でインパクトがありますね。「園庭の中の魚に落ちたよ」と言いながら、池を描いたそうです。画面全体に強さがあり、黄色の花がアクセントになっています。

▲大胆にのびのびと筆を動かして描いた雲の形と、そこから落ちてくるたくさんのしずくの表情がうまく調和しています。左の木の上下に群がるしずくの顔の並びが、画面全体のバランスを保っています。手をあげているしずくの線の表現にも動きがあり、いいですね。

4歳児 プールあそび

生活画

こんなたいけん
夏空の下で、大好きなプール遊びを楽しみました。カラフルな水着が青空に映え、ちびっ子スイマーたちは手足をバタバタさてたくさん泳げたのかな?

1学期

準備するもの
- 油性ペン
- 絵の具
- クーピーペンシル
- 色画用紙

ねらい
★ プール遊びの中で楽しかったことや感動したことを話し合い、絵に表現する。
★ 油性ペンの扱いに慣れ、丁寧な線で描く。

配慮
★ 線描きの上から薄い濃度の絵の具で色塗りをするので、必ず油性のペンを使う。

活動のポイント
● プールの中の表現だけではなく、プールのまわりの様子にも目を向け、園庭全体の空間を意識して表現できるように声かけをしましょう。

▼太陽が赤ではなくオレンジ色で塗られています。この日はよっぽど暑い日だったのでしょうか? プールで泳いでいる人物の顔の表情から「水が冷たくって気持ちいい」と言っているようですね。

▶おしゃれな水着を着て泳いでいるのが全員女の子というのもいいですね。みんなの足が水の中にあるということも伝わるよく考えられた表現です。

▲この絵のおもしろいところは、プールの中で、どの子どもも皆浮き輪に足を入れ、身につけている並びです。カラフルな色相と洗練されたデザイン性のある楽しい表現です。

▲目・髪の毛・胴体を青色のペンでしっかり塗っているところが色の強さや塗り方のリズム感として美しく魅せる不思議な絵です。

4歳児 くもりのちはれ せんたくかあちゃん

お話の絵

こんなおはなし
洗濯が大好きなせんたくかあちゃん。でも今日はどんより曇って雨が降りそう。そこで大凧をあげて雲の上に洗濯物を干しました。すると雲の上の雷さまたちも洗濯してほしいと空から降りてきて…。

準備するもの
- コンテ
- サインペン
- クーピーペンシル
- 色画用紙

ねらい

- 豪快なせんたくかあちゃんをイメージしてコンテで力強く描く。
- コンテの特性を生かし、塗り込む箇所は力を入れてしっかりと塗り込む。

配慮

- コンテの粉が床に落ちて汚れないように敷物を敷く等の工夫をする。

活動のポイント
- 黒色のコンテで塗り込んだ箇所に、むやみに触れると他の部分が汚れることを知らせておきましょう。
- 雷さまの特徴を子どもたちと話し合い、空の上の様子や洗濯物などで、広い空の空間を捉えて表現できるように伝えましょう。

1学期

◀ たこ糸にぶらさがり干されているたくさんの雷さまの表現が特徴的ですね。一人ひとりを丁寧に表現しています。

▶ 幼い表現の絵ですが、大胆でのびのびとした表現です。目・口・髪の毛の黒色のコンテは、しっかり力を入れて塗ってます。この力強いコンテの黒が、この絵の幼さをカモフラージュし、いい結果に繋がっています。

▲ 他の絵に比べれば、おとなしく遠慮がちな表現です。雷さまの表現がまだ頭足人で描かれ、幼いところもかわいらしく感じます。

▲ コンテで力強く塗りこんで描いたかあちゃんと雷さまたちは、背景の青色と組み合わせたことによって、躍動感と迫力を感じさせます。その大きな面の隙間に入る洗濯物や雨のしずくの点や線の表現が、大きく動く面に緊張感を与え、画面の構成力を強くしています。素敵な絵ですね。

4歳児 お話の絵
ありとすいか

こんなおはなし
おいしそうなスイカを見つけたアリたち。巣に運ぼうとみんなで力を合わせて押しますが、重くてびくともしません。そこで思いついたのは…!?

1学期

ねらい
★ 絵本の内容を理解し、スイカやアリの形を楽しむ。
★ 絵の具、油性ペンを使い分け、のびのびと表現する。

配慮
★ スイカ＝赤ではなく、黄色なども自由に選べるように色の種類を用意しておく。

準備するもの
● 絵の具　● 油性ペン　● 色画用紙
● コンテ

活動のポイント
● スイカの形は、丸型・半円型・扇型と様々です。形を伝えるのではなく、日常生活との関わりなどから見ていくようにしましょう。
● アリの形も、擬人化・観面混合表現など、それぞれの個性を大切に見守りましょう。
● スイカの断面を観察して種の並びに気づかせることで個性がでるようにしましょう。

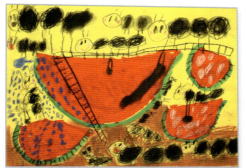
▲アリの形をしっかり捉えた観面混合表現です。場面構成など、5歳児の育ちの特徴的な表現ができています。

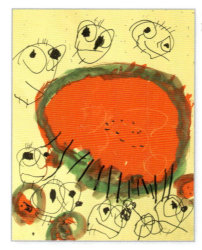

◀まだ幼い表現が残り、アリの触覚は2本と理解しつつも擬人化表現になっています。

◀スイカの皮と種の並び方に独特のリズムがあります。赤いスイカの間に黄色いスイカも描きました。

◀スイカの中・上・周りにいるアリの表現が全て異なっています。あえて3種類の違うアリを描いたのか、それとも誰かの影響があり変化したのでしょうか？

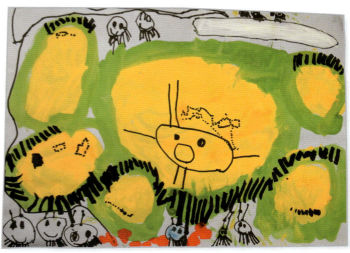
▲スイカは赤のイメージですが、黄色いスイカもいいですね。大きく口を開けたアリの表情と、スイカの皮の黒のシマシマ模様が横1列に並び、画面をうまく構成しています。夢中で描いている間に、4個のスイカが全部くっついたようです。線も丁寧に描き、几帳面な性格が伝わります。

4歳児 お話の絵
30000このすいか

こんなおはなし
畑にスイカが3万個できました。ある日「食べ頃だね!」とカラスが話しているのを聞いたスイカは夜に脱走して…。

ねらい
* 絵本の内容に興味を持ち、イメージを膨らませる。
* 場面が構成しやすいように材料を使い分けて大胆に表現する。

配慮
* スイカの大きさに大・小ができるように、筆は中・細の2種類を用意する。

活動のポイント
● スイカは描く量を求めるのではなく、畑でのスイカの並びなどを工夫して表現できるようにしましょう。

準備するもの
● 絵の具　● コンテ　● 油性ペン
● クーピーペンシル　● 色画用紙

1学期

▼幼い表現ですが、30000このスイカ畑をイメージして描いたのでしょう。大小並んだたくさんのスイカですが、どの順番に描いたのかが筆の動きと、はめこみ方から解りますね。

▲スイカ畑にやってきた、たくさんの動物たちの賑わう声が聞こえそうです。

▶スイカ畑の中にたくさんの車が描かれています。スイカをどこへ運んでいくのかな。車が好きな子どもなのでしょうか?

▲規則正しく並んだスイカの形と動物たちの中に、丁寧に描き巡らされたスイカのつるの線が、画面をきちんと整理しています。几帳面な子どもの性格が見事に反映された絵です。

4歳児 生活画
スイカわりしたよ

こんなたいけん
保育園の畑で収穫したスイカで、すこし贅沢だけど園庭でスイカわりをしました。目隠しをして割っていくのですが、なかなか思うようには割れません。

ねらい
- 収穫したスイカで、スイカわりをして遊んだ経験を思い浮かべて表現する。
- サインペンを使って丁寧に描く。

配慮
- 描画材料の色をスイカカラーの赤・緑の2色にしぼることで、よりスイカのイメージが膨らむようにする。

活動のポイント
- どんな格好をしてスイカわりをしたのか話し合うことで、イメージを確めていきましょう。

1学期

準備するもの
- サインペン
- 色画用紙
- クーピーペンシル

▲きっとこの絵のように横並びになってスイカわりを楽しんだのでしょう。左から2人目が一番最初に割ったようですね。貴重な経験が素直に表現されたユニークな絵です。

▲割られたスイカの断面には、たくさんの種があり、甘そうですね。「早く食べた〜い」と子どもたちの声が聞こえそうです。

▲目隠しをしながらスイカわりをした楽しかった経験が、人物表現から伝わってきます。こんな大きなスイカだったら何百人も食べられそうですね。割られたスイカの赤がこの絵のアクセントとなっています。

4歳児 ジャックとまめの木

お話の絵

こんなおはなし
貧しい暮らしのジャックは、大事なウシを売ることに…。しかし、町への途中、出会ったおじさんと、ウシと豆を交換してしまいます。帰ってお母さんに叱られ、窓から豆を捨てられてしまいますが、翌朝なんとその豆は、大きな木となって空へ…。

ねらい
* お話の世界に入り込んで、主人公になりきって表現する。
* 絵の具を使って巨人をのびのび描く。

配慮
* 絵の具で大胆に描いた巨人の動きや表情を大切にするため、ジャック・ニワトリなどを描くペンの色を一色に限定する。

活動のポイント
* 導入時に、つるから降りてくる巨人の迫力をしっかり伝え、印象づけるようにしましょう。
* 未分化な人物表現を大切にし、一人ひとりの表現を見守りましょう。

1学期

準備するもの
* 絵の具
* コンテ
* サインペン
* 色画用紙

▶一気に大胆に自信を持って描いた巨人の手と足の表現がいいですね。なぜか足の中にニワトリがいます。全体に美しく魅せる絵の具の色相に着目。

▲縦向きの画用紙にのびのびと表現しています。顔の輪郭線に描かれた手の指5本と足の指の表現が個性的な輝きを放った絵です。

▲つるから落ちてくる巨人は優しい人のようです。この巨人の表情は決して悪人には見えません。まだ頭足人表現の幼さの残る絵ですが、この子どもの優しい思いが形になっています。

4歳児 ハーメルンのふえふき

お話の絵

こんなおはなし
ハーメルンの町に住みついた悪さをするネズミに困った町の人は、金貨と引き替えに男に退治をお願いしました。ピーヒャララ♪と男が笛を吹くと、あら不思議！ネズミは列になって男の後ろをついていき…。

ねらい
★ ネズミの形やお話のイメージを広げて描く。
★ 油性ペンを使い、丁寧な線で描く。

配慮
★ ペンで描いた線での表現を大事にするために、絵の具は薄目に溶いておく。
★ 広い面は絵の具、細かい所はクーピーと、描画材を使い分けて描くようにする。

活動のポイント
● ネズミの特徴を話し合いの中でイメージし、笛吹き男の大きさ・列を作る。ネズミのおもしろさが表現できるように丁寧に描くことを伝えましょう。

準備するもの
● 油性ペン　● 絵の具
● クーピーペンシル

2学期

◀ マントを着て笛を吹く男の手と足の踏ん張った表現が魅力的ですね。笛の音につられて歩くネズミの表情は、曲に聞き惚れているようにもみえます。

▼ この絵は横向きに描いています。笛吹き男や家は道に対して転倒式表現で描き、ネズミは擬人化表現で道に対して正面向きに描いています。4歳児ですが、空間をしっかり捉えて工夫した構図で表現した楽しさ満載の絵です。

▲ 少し傾き気味の笛吹き男の手が妙に大きく、たくさんの指もあります。幼さの中にも、しっかりと描いたネズミの形には4歳児ならではのアンバランスで軽やかな空気感が漂ってます。

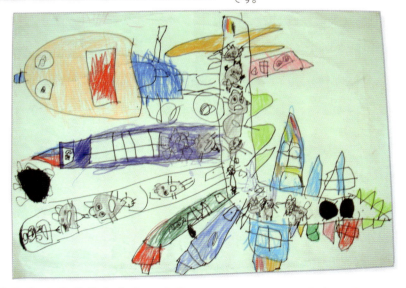

4歳児 お話の絵
とっくりうなぎ

こんなおはなし
ウナギ捕り名人のじゅうべいさん。川にもぐると捕れるは捕れるは！ウナギがどっさり。さて、川の中にはどんなしかけがあるのでしょうか…。

ねらい
★ 一人ひとりのウナギの表現を大切にする。
★ 墨汁の扱い方を知り、大胆に表現する。

配慮
★ 墨汁の濃淡は見た目ではわかりにくいので、カップや筆に印をつけておく。
★ たっぷり墨汁をつけて表現できるように太筆を用意する。

活動のポイント
● 強さを伝えるために、濃い濃度の墨汁を使いましょう。

準備するもの
● 墨汁（濃・淡）　● 油性ペン
● 絵の具　● 色画用紙

▲じゅうべいさんの周りで泳ぐ魚は、ウナギというよりおたまじゃくしのようにも見えますね。この題材の魅力は、子ども一人ひとりのウナギの形の捉え方の違いです。子どもの見方・感じ方を大切にした、保育者の見守る姿勢がうかがえます。

▶画面の中央に大きく描いたじゅうべいさんの黒の面に対して、上下に泳ぐたくさんのウナギの直線の対比が見事です。

▲じゅうべいさんが水中を泳いでいるように横向きに胴体を描き、手・足も描いています。顔の下の〇〜はウナギなのかな？　墨汁の黒が絵に一段と強さとかわいらしさを添えています。

▶墨汁で力強く描いたじゅうべいさんの顔の表情がいいですね。特に髭の点々の並びとウナギをたくさん捕まえた嬉しい気持ちが誇らしい表情に表れています。

2学期

4歳児 生活画

運動会

こんなたいけん
運動会でおじいちゃんおばあちゃんと玉入れをしました。玉をかごへ投げている様子を思い思いに表現しています。

ねらい
★ 運動会で楽しかった玉入れの体験を思い思いに表現する。
★ 玉をかごへ入れる時の自分の動きや玉の方向をサインペンを使い、線描でのびのびと描く。

配慮
★ サインペンの線描を生かすために、玉入れのかごは、薄く溶いた単色の絵の具で描く。

活動のポイント
● 玉入れのかごと自分との距離や高さ、かごに投げた玉の方向などを子どもたちと話し合い、それぞれの視点や捉え方を自分でイメージできるようにしましょう。

準備するもの
● サインペン　● 絵の具　● 色画用紙

2学期

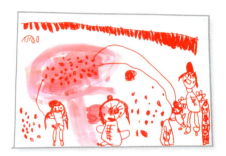

▲ 白の画用紙に同系色の描画材で描いたことで、全体的に優しい雰囲気を伝えています。しかし玉を投げる顔つきは必死ですね。玉の行方を線で描き、どの人物も確実にかごの中へ投げています。投球成功100％です。勝ちたい気持ちが強く伝わってきます。

◀ 人物の輪郭線を描かない子どもの絵です。よく見ると、目・口・手・足があり、9人の人物がいます。丸は玉で、上の横1本線は万国旗を表しています。このように輪郭線を描かない子どももいますが、無理に描かせるのではなく、本人が気づくまで待つようにしてみましょう。

▲ 同系色の青色のペンと絵の具の組み合わせで描いています。描画材料の色相を青系で統一したことにより、大胆さと緊張感の両方が表現されました。丁寧に描いた人物とカゴの点々の並びと万国旗の横線の並びが、空間をうまく構成しています。決して無闇やたらに玉を描いてないところに、楽しかった運動会の思い出を大切に思って描いた子どもの気持ちが伝わってきますね。

4歳児 ガリバーりょこうき

お話の絵

こんなおはなし
こびとの国へ漂着したガリバー。その国では隣国からの攻撃に困っているところでした。攻めてくる戦艦を、ガリバーの知恵と機転で勝利へと…。

ねらい
★ ガリバーの大きさをイメージし、のびのびと描く。
★ 絵の具や油性ペンの扱いに慣れ、楽しんで描く。

配慮
★ 絵の具で大胆に描いたガリバーの表情や動きを大切にするため、こびとなどを描くペンは単色にしぼり、画面をまとめる。

活動のポイント
● ガリバーの大きさを絵の具で大胆に表現し、体を縛るひもは、油性ペンの丁寧な線で描きましょう。

準備するもの
● 絵の具　● 油性ペン　● コンテ
● クーピーペンシル　● 色画用紙

◀ 絵の具で大胆に描いたガリバーの表現には少し荒々しい印象がありますが、ひもの線や打ちつけた釘の丸の塗り込みの力強さと一つになることで、絵に迫力と動きを生み出しています。

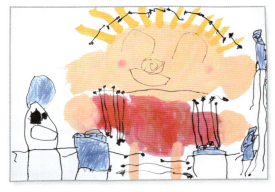

◀ ふっくらとした顔の表情を見ていると、ついこちらも微笑んでしまいそうになります。絵から、穏やかな子どもの性格がうかがえます。頭から出た手に、ひもや釘がついていても痛そうに見えないところが不思議ですね。

▲ これでもかとひもでくくりつけられたガリバーの手の表現から身動きがとれなくて困っているガリバーの様子が伝わります。またガリバーの目の大きさと形からは「もう許してくれ」と言わんばかりの悲壮感を感じますね。

▲ 2人のガリバーが双子のように並んだ珍しい絵です。丸と三角の鼻以外は、ほとんど同じ表情がおもしろいですね。周りに同じ形のこびとたちを空間を詰めるように描いたことで、左右対称で安定感のある絵になっています。

2学期

4歳児 お話の絵
ふうせんくじら

こんなおはなし

今日はみなとまつり。空に浮かんでいる風船をおいしそうに思ったクジラのボンは、風船をみんな飲み込んでしまいました。すると、あらら…？ボンは風船クジラになってフワフワ空へ…。

ねらい
★ お話の世界からイメージを広げ、のびのびと表現を楽しむ。
★ 風船クジラをコンテで力強く描く。

配慮
★ コンテから粉が出て、手足や衣服が汚れるので手拭き用のタオルを用意し、空気の換気も忘れずに行う。

活動のポイント
● コンテの特質を生かし、クジラを大胆に力強く表現できるようにしっかりと塗りましょう。

準備するもの
- コンテ
- 絵の具
- サインペン
- 色画用紙

2学期

▶ボンの周りを取り巻くカラフルな風船の色と並びが、空にフワフワ浮かび上がっているボンの雰囲気を伝えています。

▶黄色の色画用紙に青色のクジラという反対色の組み合わせで力強く表現していますが、ボンのまわりに規則正しく並んだ小さな風船の几帳面で丁寧な動きが何とも言えない子どもらしい優しさと愛らしさにしています。

▲カラフルな風船を食べようとしているボン。空高く飛んでいる雰囲気をうまく伝えています。

▲コンテでしっかり塗り込んで描いたクジラのボンです。正面向きで捉えているかのように、口・ヒレ・尾を描いていますが、目は1個で顔だけ横向きです。何とも不思議な顔ですが、本人は自信たっぷりで描いたのでしょう。コンテと白絵の具が混ざった腹の色と口の赤色が躍動感を高めています。

4歳児 お話の絵
さつまのおいも

こんなおはなし
おイモ掘りに来た子どもたちと、サツマイモたちとの綱引き合戦です。子どもたちが勝って、おいしい焼きイモを食べました。おイモは食べられてしまいましたが、ただでは負けません…。

ねらい
★ 秋の味覚であるサツマイモに興味を持ち、サツマイモが土の中で育つことや長いつるとつながっていることを知る。
★ 絵の具を使って楽しんで描く。

配慮
★ 絵の具は少し薄い濃度にして、画用紙の色と調和させる。

活動のポイント
● サツマイモを先に描くことで、大胆に画面を構成し、いきいきと表現しましょう。
● サツマイモを食べると、おならが出る面白さに共感し、のびのび楽しく描きましょう。
● サツマイモやつるの形は、子ども自身のイモ掘りの経験を生かして描くようにしましょう。

準備するもの
● 絵の具　● サインペン　● クレパス
● はしペン　● 色画用紙

▶「ちょっと待って！そんなに引っぱらないで」と少し困り顔で抵抗するサツマイモの姿をうまく表現していますね。

▲ サツマイモというよりジャガイモのようなイモの形ですが、葉の形はしっかりサツマイモの葉の特徴を捉えています。子ども自身のイモ掘りの経験を通して知っていたのでしょうね。

▶ 子どもたちと綱引きをしても勝ちそうな立派なおイモを描きました。

▲ サツマイモたちは綱引きに負けそうですが、負けじと必死に力を入れて踏ん張っている様子がうかがえます。

4歳児 お話の絵
14ひきのやまいも

こんなおはなし
秋の山は美味しいものがいっぱい。14ひきのネズミたちは家族みんなでヤマイモ掘りに出かけます。小さなネズミたちには、ヤマイモ掘りといえど大仕事です。みんなで大きなヤマイモを掘り出して…そして。

ねらい
★ お話のイメージを広げ、自分なりに表現して描く。
★ コンテが水に溶ける特性を生かし、絵の具と混ざることで起こる色の変化を楽しむ。

配慮
★ コンテを塗り込むと粉が出るので室内の換気を行う。
★ コンテの上にのせる絵の具ははじきやすくなるので少し濃い濃度で溶いておく。

活動のポイント
● 土に埋まっているヤマイモの様子を、ダイナミックにのびのびと描くよう伝えましょう。

準備するもの
● 絵の具　● コンテ　● 油性ペン
● 色画用紙

▶配慮を必要とする子どもの発達を考え、土はコンテではなく描きやすい絵の具を使い、ヤマイモは白画用紙でつくって貼り絵で表現しています。材料・表現方法を考慮したことで、楽しく描くことができたようです。

◀土を描くコンテの動きや白の絵の具で塗り重ねて描いたヤマイモ、そしてネズミやつるの線がとても丁寧に表現されていて、子どもの性格や個性がうかがえます。

▲絵の具とコンテの混ざりが効果的です。色の変化の様子から、何度も絵の具をつけて塗り広げた筆の動きが伝わり、絵の魅力を増しています。

▲画面に大きく描いた頭足人の大きなネズミは、お父さんネズミなのでしょうか？幼さの残る表現ですが、ヤマイモのつるを懸命に引っぱっている様子がしっかりと表現されています。イモのつるの緑色の絵の具が、画面の自然な汚れや重ね塗りの面に対してアクセントになっています。

4歳児 お話の絵
いもほりバス

こんなおはなし

ネズミくんたちが、おしゃべりするバスに乗ってイモ掘りにでかけました。でも、イモが大きすぎて掘りだせません。そこでバスのおしりを「つんつん」するとバスの鼻がドリルに変身！そして…。

ねらい
★ お話を通して、イモの形・葉・つるの特徴を知る。
★ 絵の具で大胆に表現する。

配慮
★ イモを大胆に表現できるように、太筆を用意する。

活動のポイント
● 子ども自身のイモ掘りの経験を通じて、イモ・つるの特徴・形状を知り、興味を持てるように伝え、表現に繋げましょう。

準備するもの
● 絵の具　● クレパス　● サインペン
● クーピーペンシル　● 色画用紙

2学期

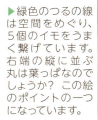

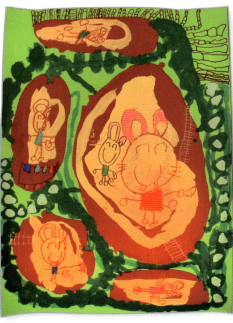

▶ 緑色のつるの線は空間をめぐり、5個のイモをうまく繋げています。右端の縦に並ぶ丸は葉っぱなのでしょうか？この絵のポイントの一つになっています。

▼ 塗り広げたイモの面の形や、つる・葉の線が一つ一つ丁寧に描かれています。ネズミや周りの様子もきちんと整理され、空いた空間を埋めるように描かれていることで全体が力強く構成されています。ネズミの服の水色が絵のポイントカラーになっていますね。

▲ 大きく描いたイモの茶色と塗り重ねられた黄色のイモの色によって筆の動きがよくわかります。ペンで描いたネズミの表現もとても穏やかですね。白絵の具の点々は汽車の煙なのでしょうか？面表現に対しての点表現は画面を引き締める役割があり、効果的です。

4歳児　生活画
ミカンがり

こんなたいけん
遠足で行ったミカン狩りの体験を通して、ミカンの木やミカンの実がどのようになっているのか、また、採る時の楽しさと喜びを表現します。

ねらい
- ミカン狩りの経験を思い出し、楽しかったことや、ミカンが木にどのようになっているか話し合い、表現する。
- 絵の具、クレパスを使い分けて絵を描く。

配慮
- 絵の具の濃度は少し薄く溶くことで、色の重なりによって濃淡を生み、木の凹凸を表現する。
- クレパスで線描きをした絵にも、薄い絵の具で色を塗る。（はじき絵技法）

活動のポイント
- ミカンの木の様子、ミカンの採り方や食べ方などを思い出しながら話し合い、思いを深めましょう。
- 実物のミカンを見て、皮の表面の様子を観察して描くと良いでしょう。

準備するもの
- サインペン　●絵の具　●クレパス
- コンテ　●色画用紙

2学期

▲幼い人物表現ですが、ミカンの木の枝の描き方が上手ですね。木に登って楽しそうにミカン狩りをしています。

▲たわわに実ったミカンの実。園外保育の楽しかった雰囲気を感じます。

▲ミカンの木は低木ですが、やはり子どもにとっては高く感じます。「このミカンが甘そう！」と、う～んと手を伸ばして甘いミカンを狙っている姿です。

4歳児 お話の絵
おしゃべりなたまごやき

こんなおはなし

ある国の王様は小屋にぎゅうぎゅう詰めになったニワトリをかわいそうに思い、逃がしてしまいます。兵隊たちはニワトリを逃がした犯人を捜しますが見つかりません。ところが夕食の目玉焼きが話しはじめ…。

ねらい
★ 絵本の内容を思い返し、描きたい場面をイメージして描く。
★ 油性ペンの線は丁寧に描く。

配慮
★ ニワトリや兵隊たちをたくさん描くため、細かく表現できるペンを使用する。

活動のポイント
● 油性ペンで描いている面を黒色に塗ると絵の強さやアクセントになることに気付けるように伝えましょう。
● 個々の捉え方で描くニワトリの形を大切に見守り、お城の中を埋めつくしていく様を楽しむよう声掛けをしましょう。

準備するもの
● 油性ペン ● クーピーペンシル
● 色画用紙

2学期

◀ 大小のニワトリが一斉に同じ方向に走っているところをイメージしたのでしょう。お城の中では王様が大好きな目玉焼きを食べてます。大きく描いたお城の赤い屋根と、窓の水色が絵のポイントになっています。

▼ なんといってもこの絵の魅力はニワトリの表情のかわいらしさです。大小並んだニワトリの顔の左右に、丸く黒で塗ったものがあります。これは手かな？ 羽根かな？ 幼い表現ですが、一つ一つ丁寧に描いてます。

◀ お城の中は卵でいっぱい。夢中に描いた姿の結果ですね。

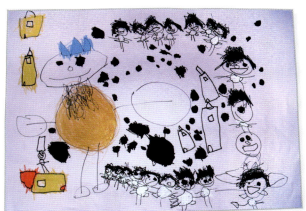

▲「大変だ！大変だ！ニワトリが逃げたぞ！」と城内を走りまわる兵隊たちの足音が聞こえてきそうですね。黒く塗りつぶした丸と兵隊たちの髪の毛の黒の並びが、画面をより強くしています。

4歳児　お話の絵
うしさんおっぱいしぼりましょ

こんなおはなし

牧場の牛乳屋さんには、とびきり美味しいミルクを出してくれるウシが一頭います。でもこのウシはちょっと不思議。イチゴを食べるとイチゴ牛乳!!バナナを食べるとバナナ牛乳!!豆・氷・色々なものを食べるウシさん…。さて次はどんなミルクが出てくるのかな…!

ねらい
* コンテの扱い方の基本を知り、丁寧に描く。
* 絵の具で大胆に表現する。

配慮
* ウシの形の捉え方の違いを一人ひとりの個性として大切にする。
* コンテで描く時はコンテの粉が出るので、室内の換気を行う。
* 絵の具でウシを描く時は白色で描いたらすぐ黒色を上から塗り重ねて白と黒の混ざり具合を趣きとして生かす。

準備するもの
* 絵の具
* 油性ペン
* クーピーペンシル
* 色画用紙

活動のポイント
● まだ未分化な4歳児が、ウシ・おっぱいの形をどのように表現するのかがポイントです。画一的な形にならないように個々の表現を見守りましょう。

2学期

▶乳牛の白と黒の絵の具の重なりが筆の動きで次第に変化している様子がよくわかり、ウシの重量感として伝わってきます。足を黒で描いたことも味があって、面白いです。乳房のピンク色が少し見えにくいのは残念ですね。

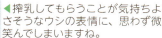

◀搾乳してもらうことが気持ちよさそうなウシの表情に、思わず微笑んでしまいますね。

▲顔は正面、胴体は横向きの観面混合表現で描いています。イチゴをたくさん食べたので、きっとイチゴ牛乳をたっぷり出しているところなのでしょう。

▲線描で一気にウシの顔を描き、丁寧に絵の具で塗っている様子が筆跡から感じられます。正面から見たウシの形を捉えて描いていますね。左右2本ずつの足の間に乳房があるのは最高ですね。子どもの感性に拍手。

4歳児 もくべえのうなぎのぼり

お話の絵

こんなおはなし
ウナギをつかまえようとしたもくべえさん。ニュルニュルと逃げるウナギを追いかけるうちに、いつの間にか天の上へとたどり着きます。そこで出会ったのはなんと雷さまだった…。

ねらい
★ 絵本の内容や登場するウナギの面白さに興味を持ち、表現を楽しむ。
★ 話の中心となるウナギを墨の特性を生かして大胆に描く。

配慮
★ 墨汁でのウナギの面的表現に対し、雷・雨はサインペンを使って線的表現にすることで、面と線のバランスや空間を捉えやすくする。

活動のポイント
● 墨汁は手や画面が汚れやすいので、筆を立てて持ち、描くことを伝えましょう。
● 天へのぼるウナギの動き方や天の上にいる雷さまとの関係の面白さに気づき、興味を持って取り組めるようにしましょう。
● ウナギの描き方に個性が出るように、導入・助言などを通してイメージを広げるようにしましょう。

準備するもの
● 墨汁 ● 油性ペン
● クーピーペンシル ● 色画用紙

2学期

▶ウナギが少し小さくなりましたが、濃い墨の黒色が画面のポイントになっています。繊細に描いた人物・雷さま・稲妻・そして雨の線から、子どもの優しい思いが感じられます。

▲ヌルヌルとしたウナギの特徴を、自分なりにイメージして描いています。

◀ウナギの左側の大きな丸はウナギのお腹で、右側の2つはエラのようです。雷さまと人物表現の間に描いた稲妻の薄墨の線が、濃い墨で描いたウナギをより際立たせています。

▲ウナギの形が認識できず未分化のままで描いた形と、薄墨の色がうまくマッチングしています。1列に並んだ人物の髪の毛・手・足の線にリズムがあり、何とも言えない優しい雰囲気が漂ってます。

4歳児 お話の絵

ももたろう

こんなおはなし
川で洗濯をしていたおばあさん。大きなモモを見つけました。切ってみると中から男の子の赤ん坊が。「ももたろう」と名付けられた男の子は、すくすくと育ち、鬼退治へ！

ねらい
- お話の世界に入り込み、主人公になりきって表現する。
- 墨汁の美しさを感じ、大胆に描く。

配慮
- 墨汁は濃淡の2種類を用意し、濃淡の筆とカップが見分けやすくなるよう、印をつけておく。
- ももたろうの力強さを表現するために濃い墨汁は、原液に近い濃度にしておく。
- たっぷり墨汁をつけて表現できるように、太筆を用意する。

活動のポイント
● 主人公になりきれるように劇遊びを取り入れるなど、活動に意欲的に取り組めるように工夫してみましょう。

準備するもの
- 墨汁
- 絵の具
- 油性ペン
- 色画用紙

3学期

◀ 濃い墨汁でももたろうを描いたことで、力強さが表現されています。

▼ 濃い墨汁で一気に描いたももたろうに、たくさんのサルのお供がいます。こんなに立派なももたろうだったら、鬼退治も怖くないですね。

▲ 大胆に描いてますが、顔は今にも泣き出しそうな表情です。青鬼たちに負けないように応援したくなりますね。

4歳児 おおかみと七ひきのこやぎ

お話の絵

こんなおはなし
留守番中の7匹の子ヤギがオオカミの侵入を防ぐため、知恵を出しあいますが、粘り強いオオカミについに…。

ねらい
★ オオカミ・ヤギの特徴を捉えながら丁寧に描く。
★ 絵の具、サインペンの材料を上手に使い分ける。

配慮
★ 絵の具で描いたオオカミとヤギの動きや表情を大切にするため、家などの様子を描く場合は、単色のペンを使用する。

活動のポイント
● 自分がお母さんヤギだったらどうやって子ヤギたちを助けるかなどを話し合い、イメージが広がるようにしましょう。
● オオカミ・ヤギの形は発達の違いからくるものです。画一的な形に捉われず、一人ひとりの形を大切に個性を認め、容認の言葉をかけましょう。

準備するもの
● 絵の具　● サインペン　● 色画用紙
● コンテ

▶オオカミが2匹もいます。このオオカミの口は横に長く飛び出る形です。3〜4歳児特有の表現としてよくみられます。おもしろいのはヤギの表現です。擬人化され観面混合表現と合体していて個性的ですね。

3学期

▲頭足人表現のオオカミですが、口が2つあるところが魅力的です。長い口の先には黒色で鼻を表現しています。子ヤギたちもやはり頭足人表現で、耳の位置にも味があります。紫色の色画用紙にこげ茶・白色の絵の具と紫色のペンの鮮やかな色使いが優しい絵の雰囲気を漂わせています。

▲横に寝転んだオオカミのお腹には子ヤギが入っています。子ヤギたちは、たくさんの石ころをオオカミのお腹に運んでつめこんでいます。

4歳児 お話の絵
3びきのこぶた

こんなおはなし
貧しい子ブタの3兄弟は家を建ててそれぞれ暮らすことになりました。そこへオオカミがやってきます。3兄弟の建てたワラ・木・レンガの家は…。

ねらい
- オオカミ・ブタの特徴を自分なりに捉えて丁寧に描く。
- 油性ペンの線が雑にならないように丁寧に描く。

配慮
- まだ未分化な4歳児のブタ・オオカミの形の表現を大切にするために、描画材料はペンなどの線材料を使い、かわいい表情を伝える。

活動のポイント
- 描き慣れてないオオカミやブタの形が、画一的にならないように導入をしましょう。
- 主人公になった気持ちで家を建てるよう伝えましょう。

準備するもの
- 油性ペン ● 絵の具 ● コンテ
- クーピーペンシル ● 色画用紙

3学期

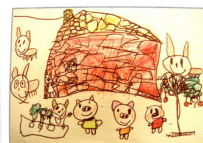

◀ダイナミックに描いた中央の大きなブタ。横長の胴体には、たくさんの足があります。空間に埋めつくされた無数のブタの笑っている表情がいいですね。

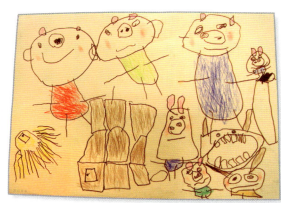

▲大きく口を開けたオオカミは、ブタに押さえつけられているようです。左端のワラの家の表現がおもしろいですね。

▲レンガの家と木の家の材質の違いを工夫してうまく表現しています。

▲頭足人表現のブタたちですが、服を塗る段階で胴体がないことに気がつきました。考えた結果、2本足の間に服(胴体)を着せました。不思議なのがオオカミの表現です。オオカミだけ顔面混合表現です。まさに成長の中間期にある4歳児の絵ですね。

4歳児 ふって！ふって！バニー

お話の絵

こんなおはなし
ウサギのバニーが「これからスキーをするんだけど、君の助けがほしいんだ。ふってふって、ぐーんと傾けて、さかさまにまわして…」と話しかけてきます。みんなバニーが楽しくスキーができるように助けようとします…。上手にすべれるかな？

ねらい
- 主人公になったつもりで絵本の世界を楽しむ。
- コンテ、ペンを使って丁寧に表現する。

配慮
- コンテを塗り込むと粉が出るので室内の換気を行う。

活動のポイント
- 自分が主人公になったつもりで絵本の世界を楽しめるようにしましょう。
- 最初にコンテで土の中をしっかり塗って場面が構成できるように声掛けをしましょう。

準備するもの
- コンテ
- 油性ペン
- クーピーペンシル
- 色画用紙

▶さっそうとスキーを楽しむウサギたちの首には暖かそうなマフラーがあります。ウサギへの心使いですね。

▼コンテでしっかり塗り込んだ面に対して、ウサギや木を描いた線描が動きとかわいらしさを伝えています。白の絵の具で描いた道のような線も躍動感を高めてますね。鮮やかな色使いによって優しい雰囲気が出ています。

▲傾斜面に対して立つ木とその枝が、画面をしっかりとした構図に仕上げ、力強さと迫力を感じます。その大胆さの中に、雪と葉っぱの細かい点々の表現が見事に調和しています。

3学期

4歳児

お話の絵

どん！

こんなおはなし
太鼓のどんとちゃんが、お祭りへ向かう途中、道で出会う友だちに太鼓で「どん！」とごあいさつ。川渡りでどんぶらこ、お腹がへって丼ぶりとうどんをぺろりと食べます。大変だ！お祭りに遅れそうだ！よーいドン！

ねらい
- お祭りの時期に鳴る太鼓に興味を示す。
- 周りから塗り込み、塗りせばめながら太鼓の形を意識して描く。(塗りせばめ技法)

配慮
- 色画用紙の色・塗りせばめに使う絵の具の色・動物の色などの混ざり具合を考え、絵の具の濃度を調整する。

活動のポイント
- 絵本の内容を振り返り、お祭りがどんな場所で行われるのかを話し合いましょう。
- 子ども自身が実際に体験したお祭りの様子なども話し合い、のびのび楽しく表現しましょう。

準備するもの
- サインペン
- コンテ
- 絵の具
- 色画用紙

3学期

▲動物たちを描くために、たくさんの色を使っていますが、画用紙の青を基本にした色づくりを行っているので、多色使いをしても画面全体にまとまりがあります。

▲塗りせばめで描いた太鼓のどんとちゃんの緊張感を感じる顔。塗り広げて描く形とは一味違った良さを感じます。

▲「どん！どん！どんどん描くぞ！」と口ずさみながら描いたようです。どんとちゃんの手と足の動きが、さらに気分を盛り上げ、お祭りの雰囲気を出しています。

技法を使った作品

重ね技法　ウォッシング技法

重ね技法
色画用紙に濃い濃度の白絵の具のみで絵を描き、その上から薄絵の具で色を塗ります。色ムラや濃淡が生まれ、油絵のような表現になります。

ウォッシング技法
濃い濃度の絵の具で絵を描き、乾いた後で墨汁を上から塗ります。乾燥後、水でゆっくりと墨汁を洗い流すと、粒子の大きさの違いから、残る色合いに差が出る表現になります。乾燥後に、薄く絵の具で彩色します。

重ね技法　お話の絵「あしにょきにょきにょき」

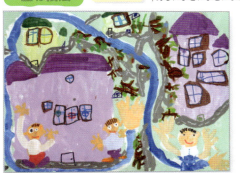

▶重ね塗りは、この題材のように大きな物を描く時に使うと動きが伝わり、大胆で重量感が出るので、効果的になります。

重ね技法　空想画「サーカスってどんなところ?」

▲少し薄めの白絵の具で描き、重ねる色との混ざり具合の変化を趣にしています。鮮やかな彩色の色の組み合わせに着目。

ウォッシング技法　お話の絵「サンタクロースはおおいそがし」

◀墨汁が十分に乾いてからウォッシングをしているので、背景の色が鮮明になり、夜の雰囲気が伝わります。

ウォッシング技法　お話の絵「お月さまってどんなあじ?」

▲ウォッシング技法は、山・ゾウに見られるロウケツ染めのような効果が出ます。これは水の洗い具合とベースの絵の具の濃度と墨汁の染み込み具合によるもので、普通の面描とは異なり、美しい色の変化が味わいです。

ウォッシング技法　お話の絵「どどどーん ぱっ!」

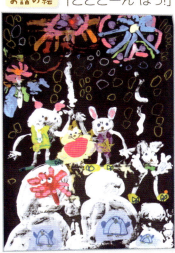

▲ウォッシング技法は全面に墨汁を塗るので、このような色とりどりのカラフルな花火やお花がでてくる題材には最適です。

ウォッシング技法　お話の絵「だるまのしゅぎょう」

▲所々、水で洗い流したことにより消えそうになった絵の具の面があります。これもウォッシング技法の絶妙な味わいです。透明感もあり、優しい雰囲気を漂わせる技法です。

こんな絵もかいたよ

お話の絵 「ちいさなきいろいかさ」

▲青色の画用紙に黄色の大きな傘。その傘に沿うように水色の雨粒が丁寧に並んでいます。傘の中の子どもたちの表情も魅力的です。

お話の絵 「つちのなかのもぐらでんしゃ」

▲絵の具で大胆に描いたモグラの形がユニークですね。胴体を一本線で区切り、顔の部分を工夫して表現しています。長い胴体に足を描いている間に、足が9本になったところも楽しくかわいいです。

お話の絵 「ありんこのアリー」

◀3匹が寄り添った仲良しのアリ。右2匹のアリは擬人化表現で、手や足が胴体にたくさんついています。左の1匹は頭足人表現です。形の認識はまだ幼い表現ですが、かわいい絵ですね。

お話の絵 「いちごばたけのちいさなおばあさん」

◀コンテで穴をしっかり塗っている子どもの姿と、ペンで穴の中を描いている形の幼さとのアンバランスなところが味となっています。

お話の絵 「おむすびころりん」

▲青の色墨の濃淡で描いたおじいさんとネズミたち。ペンも同系色の青色を使うことで調和させ、ポイントになる絵の具の色にも配慮し、民話の雰囲気を出しています。

お話の絵 「11ぴきのねことあほうどり」

▲ピンクの絵の具で画用紙いっぱいに描いた、あほうどりの表現が最高です。

こんな絵もかいたよ

4歳児

お話の絵「アントンせんせい」

▲絵を見ると、何色の色を使ったのか気になり、思わず数えてしまいました。色数は多いですが、どの色も主張することがないように混色し、調整されています。色作りは保育者の大切な役割です。

お話の絵「ジオジオのかんむり」

▲茶色の濃淡2色使いの線描の絵です。そこへ花の色として3〜4色の飾りの色を加えています。主になる色を基本に、全体をまとめる色の作り方です。

お話の絵「わにさんどきっ はいしゃさんどきっ」

◀ワニの大きな口の歯の治療するのは大変。治療室のイスに顔をのせて座るワニの姿がおもしろいですね。画用紙と絵の具の色の組み合わせも洗練されています。

お話の絵「ありときりぎりす」

◀アリが主役になるように、配色されています。地上の花の茎の緑系は画用紙の青をベースに色作りをし、土の色もアリの黒と混色していますね。絶妙な色の調整がされています。

お話の絵「うらしまたろう」

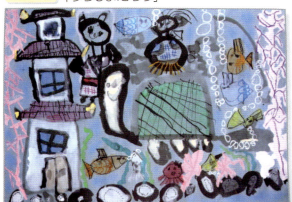

▲海のテーマの絵は難しいところがありますが、この絵はカメの形が際立っています。墨の濃淡と薄絵の具のピンクがアクセントとなっていますね。民話の雰囲気に合わせて色のバランスを考慮した作品です。

お話の絵「ゆきだるまのくに」

▲寒色をベースに色作りがされています。この絵では、ウサギの色が暖色系でポイントカラーになっています。その他の色相は、程よく色画用紙と調和される色が使われていて、さすがです。

5歳児 お話の絵
おやゆびひめ

こんなおはなし
おやゆびひめは、とても小さな女の子。くるみの殻の中で寝ていると、がまカエルに連れていかれてしまいました。途中で出会ったツバメさんが…!

1学期

ねらい
☆ お話を通して、冬眠中の動物の様子や植物の地中の様子などに興味を持つ。

配慮
☆ 木・草・球根などの土の中の様子に興味を持つように、絵本や図鑑を用意しておく。

活動のポイント
● 土の中を描く場合は基底線を描き、よく似た構図になりがちです。モグラのおうちの部屋はどんな様子かなど、一人ひとりの思いが広がるよう、声掛けをしましょう。
● 土の中の穴の形がはっきりするように、コンテの塗り方を伝えましょう。

準備するもの
● コンテ ● 油性ペン ● 絵の具
● クーピーペンシル

▶ 5歳児になると、チューリップ・クロッカスなどの花の名前に興味を持ち、球根や種で咲く花の違いなども図鑑や観察を通して理解していきます。お話の絵をきっかけに気づいていくことも、大切な活動のポイントです。地中に描かれた水色のコンテは、水の流れを表しているのでしょうか?上下の画面を繋ぐ役割になっています。

◀ 土の中にネズミ・モグラたちの小さな部屋がたくさんあります。コンテで土の中を捉えようとして、整理しきれなかった部分もあるようですが、部屋はそれぞれの用途・目的に合ったものを描いています。雪の白が上・下の空間を繋げるアクセントになり、画面をうまくまとめています。

▲ コンテでしっかり塗った土の中の世界には、ネズミやモグラの生活の様子が詳しく描かれています。こげ茶色のコンテと、洗練された花のカラフルなコンテの色の調和が美しく、絵の中から花の香りが漂ってきそうですね。

5歳児 生活画
回転ずしにいったよ！

こんなたいけん
子どもたちにとって身近な存在である回転ずし。子どもにとっては、「何を食べようかな？」ということよりも、クルクル回ってくるおすしを見ることの方が楽しいようです。そんな店内には…。

ねらい
- 回転ずし店に行った経験について話し合い、思いを広げて絵にする。
- 油性ペンを使って丁寧に描く。

配慮
- おすし・お皿・人物などの店内の様子は、細かい表現になるため、クーピーペンシルや色鉛筆で彩色をする。

活動のポイント
●回転ずし店の店内の様子・レーンの仕組・調理場の人の動きなどに興味を持ち、画面構成が出来るように、声かけをしましょう。

準備するもの
- 油性ペン
- 絵の具
- クーピーペンシル
- 画用紙

1学期

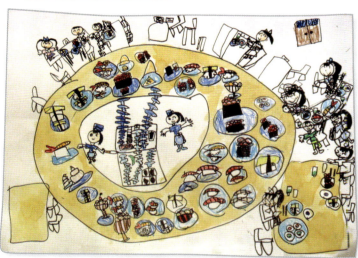

▲おすしの回転レーンを上から見た形で捉えています。レーンに対して、人物や客席は展開図法で描いた5歳児特有の構図です。

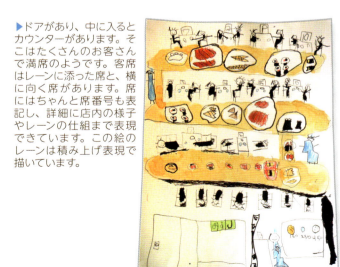

▶ドアがあり、中に入るとカウンターがあります。そこはたくさんのお客さんで満席のようです。客席はレーンに添った席と、横に向く席があります。席にはちゃんと席番号も表記し、詳細に店内の様子やレーンの仕組まで表現できています。この絵のレーンは積み上げ表現で描いています。

▼身近になった回転ずしは、どの子どもも大好きです。何度も行った経験があるようで、店内の様子をとても詳しく表現しています。すしネタの特徴やお皿の色で金額の異なりもきちんと理解して描いてあり、自らの経験によって得た情報を、存分に表現に生かすことで楽しんで描いていますね。

5歳児 こいのぼりにのって…

空想画

こんなくうそう
毎年5月になると、園庭に大きなこいのぼりを飾ります。もしも、こいのぼりに乗って遊べたら、どんなに楽しいだろうと想像してみました。さあ、まずどうやってこいのぼりの所まで行こうかな…？

1学期

ねらい
- 「こいのぼりに登って空に行くと…」と空想を広げ、自分なりの思いで楽しむ。
- 絵の具・ペンを使い分け、のびのびと表現する。

配慮
- こいのぼりの大きさ・強さを表現するために、筆は太目を使い、絵の具は濃い濃度にすることで、雰囲気を伝える。

活動のポイント
● 楽しい世界をイメージしている子どもの思いを絵に表現し、一人ひとりの思いをより豊かに深めましょう。

準備するもの
- 絵の具
- 油性ペン
- 墨汁
- クーピーペンシル
- 色画用紙

▲1階、2階、3階…8階のこいのぼりマンションをイメージしているようです。上に登って目指すのは、やはり最上階。最上階から見えるのは遊園地・動物園それとも…お菓子の国？と、想像のふくらむ絵です。

▶空高く泳いでいるこいのぼりを目指した子どもたちは、たくさんの風船を手に持って飛んでいくことにしたようです。

▶濃い墨汁でこいのぼりを力強く描いたことで、上空のどんなに強い風にも飛ばされない頼もしいこいのぼりが表現されています。

5歳児 タケノコほりにいったよ

生活画

こんなたいけん
バスに乗って園の近くの竹林に行きました。土の中からニョキニョキ顔を出したタケノコを子どもたちは一生懸命掘りますが…。

ねらい
☆ 土の中のタケノコの成育に興味・関心を持ち、絵に描く。
☆ コンテ・絵の具を使って、大胆に表現する。

配慮
☆ 経験を通して気づいたことを、子どもの声や表現から読みとり、他児に情報として伝えていく。

活動のポイント

● タケノコが土の中で、どのように成長していくのかを、自然観察を通して学び、絵に表現しましょう。

準備するもの
● コンテ　● 絵の具　● 油性ペン
● クーピーペンシル　● 色画用紙

1学期

▲絵の具でタケノコを描きました。コンテと絵の具がうまく溶け合い、落ちついた色になっています。

◀竹薮の中に、モコッと小さい順に並んだタケノコと、人物表現のバランスが絶妙です。画用紙全体に広がったコンテの粉が、画面全体を優しい雰囲気に包み込み、太陽の赤色がアクセントとなっていますね。

▼土の中からニョキニョキたくさんのタケノコが顔を出しています。背が伸びすぎたタケノコの先と、まだ芽を出したてのタケノコのうぶ毛のつき方などがよく観察して描かれています。

▲通園バスに乗って到着した竹薮に入り、タケノコを掘った時間の流れを、1枚の絵の中に上手に構成した楽しい絵ですね。

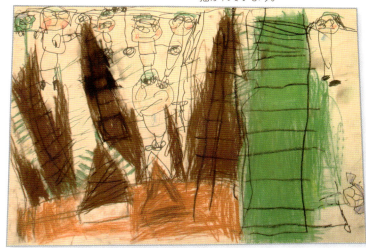

67

5歳児 おおきなキャベツ

お話の絵

こんなおはなし
ある日、突然現われた大きなキャベツは、日増しにどんどん大きくなって、とうとう子どもたちを飲み込んで丸まってしまいました。そこで助けにやって来たのは…。

1学期

準備するもの
- コンテ
- 油性ペン
- クーピーペンシル
- 色画用紙

ねらい
- 子どもを助けるための工夫を、描画材料の使い分けで表現する。
- コンテの混色を楽しみ、キャベツの質感を自分なりに考えて描く。

配慮
- コンテの混色によってキャベツの形に味わいを出す。キャベツの重量感を、より効果的にするために、ペンの色は単色にする。
- コンテの粉が出るため、室内の換気を行う。

活動のポイント

- コンテの混色など、描き方を工夫することで、キャベツの質感を表現してみましょう。
- 重機の強さ・躍動感を伝える方法として、描画材料による線の使い分け方に気づけるようにしましょう。

▶キャベツと画用紙を同色系にしたことで、全体的に優しい組み合わせになっていますが、クレーン車の車輪・アームの線などを黒で力強く表現したことで、画面に迫力が生まれています。

▲コンテでしっかりと塗り込み、キャベツと子どもたちを描いています。大きなキャベツの中から閉じ込められた子どもたちの声が聞こえそうです。

▲左右両側に描かれたクレーン車とキャベツの葉脈の線がポイントになっています。

▲クレーン車のアームの黒い線がリズミカルですね。

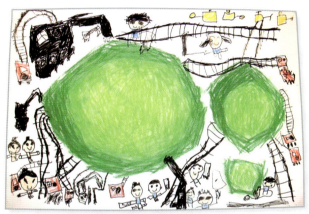
▲梯子（はしご）の捉え方が楽しいですね。

▲ノコギリで切って、子どもたちを助け出そうと頑張っている人の表情がいいですね。

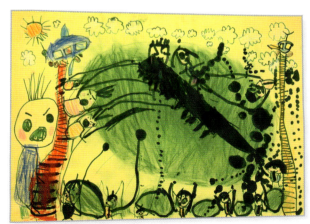
▲まさしくキャベツの中から子どもたちを助け出そうと、ノコギリで一生懸命に切っている場面です。ペンでしっかりと塗り込んだノコギリや、クレーン車のアームの線のリズム感が、お話の楽しい雰囲気を伝えています。

▲おすもうさんの表情がいいですね。

5歳児 のせてのせて100かいだてのバス

お話の絵

こんなおはなし
バスがいつもとちがう道を曲がったら、それが楽しい旅のはじまり！ お客さんをつぎつぎと乗せて、バスはついに100階建てに！

ねらい
- どんなお客さんが乗るのか、一人ひとりの発想を広げ、表現を楽しむ。
- 線はゆっくり丁寧に描く。

配慮
- 一人ひとりのイメージを細部まで表現できるように、描き込みやすいサインペンとクーピーペンシルを使用する。

活動のポイント
- 絵本の世界に入りこみ、どんなお客さんを乗せてあげようかと問いかけることで、自分なりに思いを広げられるようにしましょう。

1学期

準備するもの
- 油性ペン
- クーピーペンシル
- 絵の具
- 画用紙

◀ 小さなバスに、次から次へとお客さんが乗って、増々バスは大きくなっています。雲の位置と雨の表現でバスがう〜んと空高く伸びている様子を伝え、距離感を出しています。

▶ バスの高さを人物と木を積み上げる構図で伝えています。5歳児独特の空間表現です。

◀ 赤いバスに、どんどんお客さんが乗っていく様子が見えます。客席にきちんと座っている表現がかわいいです。3輪のタイヤは走っていて大丈夫なのか不安になりますが…。

5歳児 みんなで！どうろこうじ

お話の絵

こんなおはなし
車が通ると、がったんがったん！困ったみんなは、道路を直す工事をすることにしました。そこでやってきたのは、パワーショベル・ダンプカー・タイヤローラー…。さて道はきれいになるのでしょうか？

ねらい
★ お話を通して、重機の形などに興味を持つ。
★ 墨汁の濃淡を使い分け、大きくのびのびと描く。

配慮
★ 重機の大きさや重量感を伝えるため、濃い墨汁を使い、筆は太筆を用意する。

活動のポイント
● 普段の生活では見慣れていない重機の種類などに興味を持つように図鑑などを活用し、特徴を捉えられるようにしましょう。

準備するもの
● 墨汁　● 水性ペン　● 色画用紙
● コンテ　● クーピーペンシル
● 絵の具

1学期

◀ 重機の特徴を捉えて大胆に表現しています。濃淡2種類の墨汁とペンで描いた工事現場のおじさんたちの様子が活気のある仕事ぶりを伝えていますね。

▼ 濃い墨汁で描いていますが、なぜか優しい雰囲気が漂う絵です。人物表現からは、描いた子ども自身の穏やかさを感じます。

▲ ショベルカーで砂利を運ぶ場面を描きました。薄墨で全体を描いているのに対して、黒のペンでしっかりと塗った点々の砂利が全体のバランスを引き締め、絵に力強さを加えています。

5歳児 カタツムリと鯨

お話の絵

こんなおはなし
とても小さいカタツムリと、とても大きい鯨。カタツムリが大海原に行きたいと鯨に言い、鯨の尾にくっついて海の冒険に…。

ねらい
- 自分なりに発想を広げ、冒険の様子を楽しみながら描く。
- 線はゆっくり丁寧に描く。

配慮
- 油性ペンの線の勢いや優しさを消さないように、絵の具は薄く溶く。

活動のポイント
- 鯨とカタツムリの大きさの比較を画面の中でうまく表現できるように画面構成を工夫しましょう。

1学期

準備するもの
- 油性ペン
- 絵の具
- クーピーペンシル
- 色画用紙

▲1本ずつ描いた線の美しさや鯨の背に乗っている人物の丁寧な描き方と並びによって、画面全体に迫力と力強さを感じます。描いた子どもの集中力と根気力がすばらしいですね。

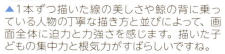

▲きちんと3列に並んだイカや雲・人物の横の並びに対して、雲から降る雨粒の縦の並びが、抜群のコントラスト。このように、同じ記号を並べると、リズミカルな動きのある絵になります。

▲車に乗っている子どもたちのなごやかな表情がいいですね。同じ車の表現ですが、4台それぞれに趣があり、楽しい絵です。

5歳児 花いっぱいになぁれ

お話の絵

こんなおはなし
お花の種をつけて飛ばした赤い風船が、お山で昼寝をしていたキツネのゴンの所にたどり着きました。ゴンは真っ赤な花が咲くと思い、毎日水やりをして大事に育てます。すくすくと育って咲いた花は…。

ねらい
★ 種からどんな花が咲くのかという期待を持って、表現を楽しむ。
★ 墨汁の濃淡を使い分け、大胆に描く。

配慮
★ 墨汁の濃淡の美しさを強調するために、ペンの色は単色にする。

活動のポイント
● ひまわりの花の形や葉の形に興味を持てるように、絵本や図鑑を見てイメージを広げるようにしましょう。

準備するもの
● 墨汁 ● 絵の具 ● 油性ペン
● 画用紙 ● クーピーペンシル

1学期

▲少し傾いたヒマワリですが、味のある楽しい雰囲気を伝えています。風船を持ったキツネたちは大きな花に大喜びのようですね。

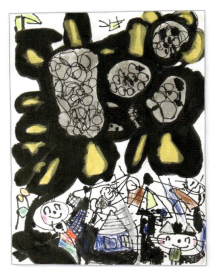

▲まずヒマワリの中心の丸を4個描いたがくっつきすぎて周りの花びらが描けなくなったようですね。しかし、最終的には、全体を上手にまとめています。太い筆で花を描いたことで、大きさをより際立たせています。

▲ゴンの種からこんなに大きな花が咲いたのですね。キツネたちの表現に対し、濃い墨汁で大きく描いたヒマワリ2本には迫力があり、躍動感を高めています。

5歳児 生活画

運動会

こんなたいけん
子どもたちが一生懸命取り組んだ運動会。リレーや組体操・器械体操など、たくさんの種目に挑戦しました。みんなとてもがんばったね。

ねらい
- 経験した思い出を振り返り、自分なりの思いを込めて描く。
- 油性ペンの扱いに慣れ、細やかなこだわりや表現を楽しむ。

配慮
- 描いた絵の位置感や空間が整理できるように、グランドの部分を塗るための薄い濃度の絵の具を用意しておく。

活動のポイント
- 何度も練習で扱った道具や周りの景色を、油性ペンの線で丁寧に細かく表現できるようにしましょう。

準備するもの
- 油性ペン
- 絵の具
- クーピーペンシル
- 色画用紙

2学期

◀リレーの場面です。グランドの中には、きちんと並んで順番を待つ子どもたちの姿があります。トラックに並べられた三角コーンや万国旗の鮮やかな色使いが絵にかわいらしさを添えています。

◀グランドを上から見た視点で描き、万国旗はグランドに対して転倒式で捉えています。

▲グランドに張られたロープとその杭が印象深い思い出として表現されています。トラックでは、リレーと障害物競走の両方を時間差表現で描いています。リレーのバトンが矢印記号と共に走った順の競技者がいるのも5歳児らしい表現です。

▼グランドには参加した競技である障害物競走・リレー・組立体操の全てを描いています。どの競技も楽しんで一生懸命に取り組んだ子どもの思いが伝わります。

空間表現からみる一人ひとりの個性

5歳児になると、経験画においても表現に対する捉え方に、子どもによってそれぞれ違う個性が出てきます。ここでは、運動会の題材を子どもたちそれぞれの視点から捉え、描いたものを載せています。また、描いている競技を見ても、印象に残っているもの・楽しかったものなど、中心的になっているものがそれぞれ違うことがわかります。経験した種目は器械体操・リレー・パラバルーン・大玉ころがしです。

▲5段目の跳び箱が飛べなくて横に置いてあります。

▼テントがトラックの線に沿って立つように描かれています。(転倒式構図)

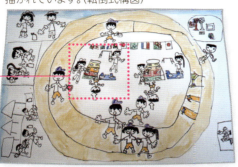

▲スタート地点を手前から描いている絵と、奥から描いている跳び箱競技の絵があります。また、万国旗や人などは正面からの視点で描いていますが、トラックは上からの視点という多視点構図で描いています。(跳び箱・リレーが印象に残った絵)

▶スタートを左から描き、右へと向かって跳び箱競技をしています。人は横からですが、跳び箱や大玉は上からの視線で描いています。(多視点構図法)

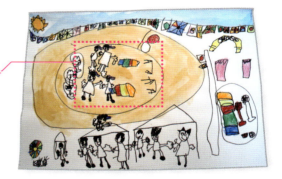

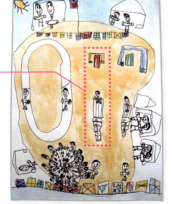

▲スタートが奥からになっています。どの競技も印象に残っているようで、同じ画面の中に競技を順番に描いています。このように起こったことを順番に描く描き方を時間差図法といいます。

▲左側の跳び箱では、スタートを手前に描き、奥へと向かっています。そして右下にパラバルーンとリレー、中央に大玉ころがしを描き、時間差でいろいろな種目を表現をしています。中央に描いた大玉ころがしが一番印象に残ったようです。

2学期

5歳児 すずめがおこめをつくったら

お話の絵

こんなおはなし
寒い冬にお腹を空かせたスズメのちょんすけは倒れそうになり、おじいさん・おばあさんの家に忍び込んで、お米を食べて暮していました。ある日とうとう見つかってしまい、お米を作ることになり…。

ねらい
- 野山の自然に目を向け、秋の収穫に興味を持つ。
- 墨汁の美しさを味わい、墨汁の特徴を生かして絵を描く。

配慮
- 民話の雰囲気を伝えるために、絵の具の色相を統一する。

活動のポイント
- お話を通して、お米ができるまでの過程を知り、かかしの役割なども理解できるようにしましょう。

準備するもの
- 墨汁
- 油性ペン
- 絵の具
- 色画用紙
- コンテ
- クーピーペンシル

▲「へのへのもへじ」と、かかしの代表的な形が最高ですね。お米は花のような形ですが、かかしの表情が秋の雰囲気をさらに盛り上げています。

▲四角形は、田んぼを表現しているのでしょう。中には米の穂らしい黄金色の点をたくさん描いてます。周りにはたくさんのスズメたちが、お米を食べようと狙っています。積み上げ遠近法を使い、見事に空間を表現しています。

▶田んぼには、秋の実りのお米の穂がたわわに黄金色になり、スズメたちが美味しそうなお米を狙っています。取られないようにかかしがしっかり見守っている秋の光景が伝わってきますね。

5歳児

お話の絵

さるじぞう

こんなおはなし
働き者のおじいさんは、山で畑仕事をした後、ゴロリとあぜでひと休み。そこへサルがやってきて、おじいさんをおじぞうさまと間違えて、かついで川を渡っていき…。どこへやら…?

ねらい
★ お話のイメージを広げ、自分なりの思いを描く。
★ 墨汁の美しさを味わいながら濃淡を使い分けて絵を描く。

配慮
★ 民話の雰囲気を伝えるために、絵の具の色相を濁色に統一する。

活動のポイント
● おじぞうさまやサルの特徴に気づくように、導入時に話し合いをしましょう。
● 場面の背景に目を向けるように言葉がけをしましょう。

準備するもの
● 墨汁 ● 絵の具 ● 油性ペン
● 画用紙 ● クーピーペンシル
● コンテ

2学期

▲サルたちに抱えられて川を渡るおじいさんの穏やかな表情に対して、サルの緊張した顔が場面の雰囲気を上手に伝えています。着色している絵の具には、民話の雰囲気を意識した色づくりがされていて、洗練された色への配慮があります。

▲筆の緊張した線でサルを描いています。特に右のサルの長い筆の線は、ゆっくり丁寧に心をこめて引いた線です。絵を描いているときの子どもの息づかいが伝わりますね。

◀太筆で大胆に描いたサルと、ペンで描いたおじいさんの線の太さや色相の対比が美しい変化として味を出しています。

5歳児 つちのなかのもぐらでんしゃ

お話の絵

こんなおはなし
スドドドド…ドッカーン！モグラ電車がやってきました。「そのおいしそうなものをくれたら、おいらに乗ってもいいよ。」と言うモグラにミミズをあげたかんたろうは、モグラ電車に乗り、土の中を進んで行きます。さて土の中で出会うのは…？

ねらい
★ お話のイメージを自分なりに広げ、構図を工夫する。
★ 土の面をしっかり塗り、コンテの質感を出す。

配慮
★ コンテの粉が出来るので、室内の換気を行う。

活動のポイント
● 土の中のトンネルの様子を、一人ひとりが工夫して構成するように声をかけましょう。
● コンテはしっかり塗り込むようにしましょう。

準備するもの
○ コンテ　○ 絵の具　○ サインペン
○ 色画用紙　○ クーピーペンシル

2学期

▲土の中にいろいろな部屋を作り、空間に変化があります。コンテでしっかりと塗った面に対して、モグラの線のかわいらしさが絶妙なバランスを保っています。サツマイモの絵の具の色と濃度の薄さも画面に魅力を添えています。

◀5歳児は、地中を描く絵になると基底線を描きがちですが、この絵には基底線が描かれていません。保育者による空間の捉え方に対する声掛けの工夫を感じます。

▲モグラの手足がユニークな表現です。もぐら電車の上はニンジン畑のようですね。おもしろい捉え方です。

▶共同画：全体の構図を話し合って全体図を作り、それに従って役割分担をして描きました。

5歳児 空想画
キノコのおうち

こんなくうそう
ここはキノコの国。かわいいキノコさんたちが素敵なキノコの家に暮らしています。お母さんは毎日洗濯やお料理で大忙し。子どもたちは、何をして遊んでいるのかな?とイメージして描きました。

ねらい
- キノコに興味を持ち、発想を広げて、自分なりの世界観を表現することを楽しむ。
- 油性ペンで丁寧に描く。

配慮
- キノコの色を基準として、画用紙の色選び・絵の具の色作りをする。

活動のポイント
- 絵本や図鑑を通して、キノコの色や形・種類に興味を持つ。
- 一人ひとりの思いが膨らむように声を掛け、イメージを広げる。

準備するもの
- 絵の具　● 油性ペン
- クーピーペンシル　● 色画用紙

2学期

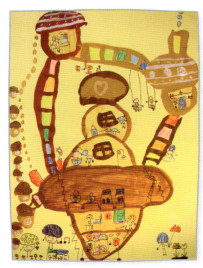

◀ソフトクリームやUFOの円盤をイメージしたのかな? おもしろい形のおうちです。3階はベッドルーム、4階はバスルームそして、洗濯部屋と、かなりの豪邸ですね。

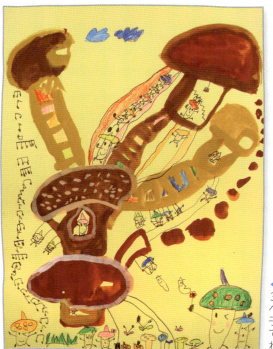

◀茶系の類似色で描いたキノコのおうちは3階建てで、空の上まで伸びています。スベリ台で遊んだり、ブランコに乗ったりと、子どもが想像した楽しい世界が表現されています。どこからか歌声も聞こえていますね。

▲鮮やかに彩られたキノコが印象的です。大きなキノコのおうちには天窓があります。きっとこの絵を描いた子どもの家にもあるのではないでしょうか。部屋を覗くと、ベッドには寝ているキノコちゃんがいて、洗濯機にはシャツも入っていますね。

5歳児 お話の絵 もぐらバス

こんなおはなし

もぐらバスが走っているのは、なんと地面の中!面白い名前の停留所を通って、マーケットまで行きます。すると道路の真ん中にタケノコが顔を出していて、そこから進めなくなってしまいました。

ねらい

★ 土の中の様子を自分なりに工夫して表現する。
★ いろいろな材料を使い分け、楽しんで描く。

配慮

★ 土を描くコンテは明るい茶色にすることで、こげ茶色の絵の具で大胆に描いたタケノコの表現を生かす。

活動のポイント

● タケノコを絵の具で大胆に表現し、土の中の空間のバランスを保つようにしましょう。

準備するもの

- 絵の具
- 油性ペン
- クーピーペンシル
- コンテ
- 色画用紙

▼ 黄色いモグラバスがポイントになった絵ですね。穴の中に描いた家・花などの形と色は丁寧に塗られ、デザイン性があり魅力的です。

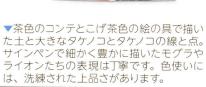

▼ 茶色のコンテとこげ茶色の絵の具で描いた土と大きなタケノコとタケノコの線と点。サインペンで細かく豊かに描いたモグラやライオンたちの表現は丁寧です。色使いには、洗練された上品さがあります。

▲ 使う描画材料の特徴をしっかりと生かし、子どもが自信を持って描くことに取り組み、楽しさを満喫している様子が感じられます。

5歳児 ねずみのえんそく もぐらのえんそく

お話の絵

こんなおはなし

ネズミ園とモグラ園は同じ日に遠足に出発しました。着いた所は同じイモ畑。ネズミは土の上から、モグラは土の下から…。見つけたサツマイモを上から引っぱるネズミと下から引っぱるモグラ。さてさてイモは…。

ねらい

★ 土の上下からイモ掘りをするネズミとモグラの様子を工夫して描く。
★ 土の面をしっかり塗りこみ、コンテの質感を味わう。

配慮

★ 最初にサツマイモを絵の具で大胆に描くことで、並び・数の表現で個性を出し、画面構成に変化を持たせる。

活動のポイント

● イモの位置を考えることで、ネズミ・モグラの遠足の様子を描く空間を、自分なりに工夫して構成してみましょう。

準備するもの

● 絵の具　● コンテ　● 油性ペン
● クーピーペンシル　● 色画用紙

▶ 2段に並んだサツマイモの並びや、真っすぐに伸びた茎の線が画面全体を個性的な魅力に満ちた絵にしています。穴から顔を出したヘビの水色もアクセントになっていますね。

▲ サツマイモの横並びと、横に細長いトンネルの中のモグラの穴の表現が繊細に際立っています。サツマイモの根の白のコンテが縦の線となり、うまく画面を構成しています。軽やかなアクセントですね。

▲ 土の中の絵になると基底線描法になりがちですが、土の中でのモグラの生活をイメージすることで、空間を工夫するようになります。地下にはモグラの教室、そして地上にはネズミの教室があり、イメージを自分なりに広げて思いを楽しんでいます。

2学期

5歳児 お話の絵
ねずみのよめいり

こんなおはなし

ネズミのお父さんが、一人娘の為に世界一のおむこさん探しの旅に出ます。最初にやってきたのはお日さま、そして雲・風・壁…。
さて、世界一のおむこさんは誰なのでしょうか…。

ねらい
- お話の内容を理解し、自分なりにイメージを広げる。
- 色墨の濃淡を使い分けて絵を描く。

配慮
- 民話の雰囲気が伝わるように、画用紙の色選び・絵の具の色作りをする。

活動のポイント
● お日さま・雲・風そして壁へと話の展開を楽しみ、自然の力や、それぞれの役割を知り、理解できるようにしましょう。

準備するもの
- 色墨
- 油性ペン
- 絵の具
- 色画用紙
- クーピーペンシル

▲大小たくさん並んだ土蔵に、目・口がつくとこんなにかわいいものになるのですね。小さなポッペが、よりかわいらしさを強調しています。並べて描くことが好きな子どものようですが、太陽・雲・風の並びと雨がポツポツ降っている点の並びがうまく合い、味わいが出ています。

▼太陽・風・雲を擬人化して表現することで、自然気象を形象化していくところがこの題材の特徴です。濃い黒に対して、土蔵の壁の白と太陽の赤が趣を添えています。

▲色墨（墨＋絵の具）の濃淡2種類で描いています。一気に描いた大きな雲に対して、ネズミたちの繊細な表現・表情が対称的で楽しい絵ですね。着物の鮮やかな色相が画面を明るい雰囲気にまとめています。

5歳児 おひめさまようちえん

お話の絵

こんなおはなし
大きなお城の中は、お姫様の通う幼稚園。ドレスや宝石・美しいものが沢山あります。しかし王子様も恐れる龍が幼稚園にやってきて…。

ねらい
* 内容をよく理解し、楽しんで表現する。
* 材料を使い分け、丁寧に描く。

配慮
* 龍の形に個性がでるように、画一的なイメージを伝えないようにする。

活動のポイント
● 空想の生き物である龍の形の捉え方は様々です。一人ひとりの表現を大切にし、場面の構成方法を見守りながら助言していくようにしましょう。

準備するもの
* 絵の具
* 油性ペン
* コンテ
* クーピーペンシル
* 色画用紙

2学期

▶大きな幼稚園には、たくさんの窓があります。窓から顔を出しているのはお姫様なのでしょうか？園庭にはシーソーや砂場、そして噴水もあります。画面全体の鮮やかな色使いがいいですね。

▼色鉛筆が並んだような幼稚園です。ピンク・赤・緑とカラフルです。こんな幼稚園が本当にあれば毎日がきっと楽しいでしょうね。

▲お城の中の幼稚園には宝石や洋服がいっぱいあり、お姫様は嬉しそうな表情です。緑の絵の具で描いた龍は大胆で、襲いかかるように幼稚園を取り囲んでいますが、その表情は嬉しそうです。たくさんの色を使って描くことを楽しみ、しっかりと根気よく全体を塗っています。

5歳児 空飛ぶ車にのって

空想画

こんなおはなし

もしも空で遊ぶ事が出来たら楽しそうだなぁ…。みんなで「空飛ぶ車」を作ることに！空まで伸びるタイヤや、飛行機みたいな羽根。そしてたくさんの風船をつけると空まで行けるかなぁ。思い思いの車に乗って、さあ空のドライブに出発‼

ねらい
☆ 空飛ぶ車で、どんなところに行きたいか一人ひとりの発想を広げ、表現を楽しむ。
☆ 絵の具・サインペンで丁寧に描く。

配慮
☆ 細部の表現には描き込みやすいサインペンを使用する。

活動のポイント
● 一人ひとりの思いを聞き、発想が広がるように話し合いや問いかけなどをしてイメージを豊かに表現しましょう。
● イメージが広がりにくい子どもには、おもしろい発想で表現している子どもの絵を紹介してイメージの幅を広げましょう。

準備するもの
● 絵の具　● サインペン　● クーピーペンシル
● コンテ　● 色画用紙

3学期

▼ 傘をさして、空まで飛んでいくようです。しかし困ったことに、雲から雨が降ってきました。でも、子どもたちの表情は何故か嬉しそうです。

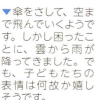

▲「空飛ぶ夢の車」はいつの時代も子どもの夢の乗り物です。イメージする車は、飛行機のように翼がついています。水色の画用紙に、青の絵の具とペンで描くという材料の色の組み合わせは調和がとれています。

◀ UFOから発想が広がったのでしょうか？四方八方に伸びる数多くの車輪のようなものが、のびのびと表現されています。上空一面の雲の並びや左側に縦一列に飛ぶ鳥たちによって画面をうまく構成しています。画面中央の黒丸がポイントとなっています。

5歳児 たぬきのいとぐるま

お話の絵

こんなおはなし
ある日、おかみさんは罠にかかったタヌキを助けました。それはいつも遊びにきては、おかみさんが糸を紡ぐのをじっと見ていたタヌキでした。お礼を言って帰っていくタヌキ。春になり夫婦が久しぶりに家に帰ると…。

ねらい
- お話のイメージを広げ、のびのびと描く。
- 墨汁の濃淡を使い分け、筆・油性ペンで丁寧に描く。

配慮
- 墨汁は濃淡の2種類を用意し、使い分けを工夫する。絵の具は墨汁の線が消えないように薄い濃度に溶く。

活動のポイント
- タヌキの特徴である、しっぽや顔の形をしっかり捉えられるようにしましょう。
- 糸車を図鑑などで調べ、糸の紡ぎ方や糸巻きなどの形を知り、興味を持って描けるようにしましょう。

準備するもの
- 墨汁
- 絵の具
- 油性ペン
- クーピーペンシル
- 色画用紙

3学期

◀タヌキと糸車をつい小さく描いてしまったようです。そこで空いた空間に、たくさんの糸巻きをサインペンで描いたのでしょう。太いもの・細いもの・小さいもの・大きいものなど様々です。たくさん並べた結果、画面に軽やかさが生まれました。特にタヌキの髭と糸車の濃い黒が引き立っています。

▲画用紙いっぱいにタヌキの顔を描きました。墨汁の濃淡をうまく使い分けたことで、優しい雰囲気となっています。薄墨で描いた大きな目は、どうみてもお人好しのタヌキですね。きっと描いた子どもの雰囲気と似ているのではないでしょうか？ 特にタヌキのしっぽの位置がかわいいですね。

▲日常ではなかなか目にしない糸車の形を、よく見て捉えています。タヌキがカラカラと糸車を回しながら糸を紡ぐ様子を、子どもなりに工夫した思いで伝えています。

5歳児 でっかいまめたろう

お話の絵

こんなおはなし
おばあさんの親指のまめから生まれた小さいまめたろう。大きな敵に打ち勝った時に大きく成長していきます。カエル、そしてネズミ・クモ・ハチと一緒に鬼退治へ。

ねらい
- 絵本の主人公になったつもりで表現を楽しむ。
- 墨汁の濃淡を使い分け、力強く表現する。

配慮
- 鬼の大胆さが伝わるように墨汁は、濃い濃度にする。
- 筆は太筆を準備する。

活動のポイント
- クモの巣の形に興味を持つように、園庭に出て観察したり図鑑で調べたりしてみましょう。

準備するもの
- 墨汁
- 絵の具
- 油性ペン
- 和紙

3学期

▶鬼の大きな腕に抱きかかえられたまめたろうの悲壮な顔と、ハチにあちらこちらを刺された同じく鬼の悲壮感が伝わります。

▼濃い墨汁で力強く描いた鬼の大胆な動きと表情に相対して、ペンで描いた小さなまめたろうの対比が造形性を強くしています。たくさんのクモと、クモの糸の緻密な一本一本の線から、子どもの集中力・根気強さを感じます。

▲濃い墨汁で塗っている間に2本の腕がくっついてしまったのでしょうか？ 背中のあちらこちらをハチに刺され「まいった、助けてくれ」と言っている鬼の声が聞こえそうですね。

5歳児 もくべえのうなぎのぼり

お話の絵

こんなおはなし
ヌルヌルと逃げるウナギを追いかけて追いかけて、たどり着いた所は天の上。そして…。

ねらい
★ 空高く昇っていくウナギの形や向きなどを工夫して描く。
★ 墨汁の濃淡を生かし、大胆に描く。

配慮
★ 民話の雰囲気が伝わるように絵の具の色作りに気をつける。
★ ウナギを大胆に表現できるように、濃い墨汁を用意する。

活動のポイント
● 地面から天の上までの広い空間を、画面上でどのように構成するのかを考え、工夫するようにしましょう。
● 空に昇っていくウナギの向きなどにも気づけるように助言をしましょう。

準備するもの
● 墨汁　● 絵の具　● 油性ペン
● クーピーペンシル　● 和紙

◀ ウナギを横向きに捉えています。細長く描いたウナギ・雲のその上にいる雷さまたちの並びも横並びです。それに対して、雲から降る雨の縦の線が見事に画面の構図を引き締める役割になっています。

3学期

▲ 正面を向き、大胆に空に昇るウナギの表情は、思わず見る側も微笑んでしまうほどかわいい顔です。大きなウナギの表現に対して、周りの様子はペンで緻密に表現しています。とてもいい作品です。

▲ 濃い墨汁で描いた雲が2つ並行して並んでいるのに対し、斜め上向きに昇っていくウナギの微妙な向きが、空の高さを感じさせます。たくさんの雷さまと稲光の線が空間につながりを生み、右側にかためて配置したことで、画面に動きが生まれました。

5歳児 お話の絵
てぶくろ

こんなおはなし

おじいさんは森で手袋を片方落としてしまいました。そこにネズミがやってきて、手袋に住むことにしました。次はカエルがやってきて、そしてウサギ・キツネ・オオカミ…。次々と動物たちがやってきて、手袋の中はパンパン！

ねらい
★ 絵本からのイメージを広げ、自分なりに手袋の中の様子を表現することを楽しむ。
★ 材料を使い分けて細かく描く。

配慮
★ 手袋の中の様子は、細かく丁寧に描けるペンを使い、彩色はクーピーペンシルで塗りやすくなるようにする。

活動のポイント

● 絵本に登場する動物以外にも誰が来るかなど、一人ひとりのイメージを広げてみましょう。手袋の中の部屋の様子（冬支度）なども発想豊かに表現してみましょう。
● 雪が静かに降っている様子を伝え、雑にならないよう声がけをしましょう。

準備するもの
● 絵の具 ● 油性ペン ● コンテ
● クーピーペンシル ● 色画用紙

3学期

▶ 絵の具で塗り広げられた手袋の色とサインペンの色がうまく組み合わされています。つい雪は白と捉えがちですが、あえて水色を使うことで、軽やかな雰囲気で美しく魅せるところに着目。

▼ 白の絵の具で手袋を描くと、雪の降り積もる寒い冬の情景が伝わります。手袋の中はもうすでに満員で、中に入れないクマたちの寒そうな様子が楽しいですね。しんしんと降る雪を丁寧な線で表わす声かけも生かされています。

▲ グレーの画用紙にピンクの絵の具は優しさを伝える相性のよい組み合わせで、動物たちの笑顔からもより優しいムードを漂わせています。手袋の中には電気がつき、ベッドやお風呂など暖かい雰囲気があります。

5歳児 お話の絵
ねずみのおいしゃさま

こんなおはなし
雪の降る夜、ネズミのお医者さまに、リスの坊やが熱を出したと電話がかかります。吹雪の中をスクーターで出かけますが、途中で動かなくなり、凍えてしまいそう！カエルさんの家を見つけたお医者さまは一休みすることに。そしてぐうぐう眠ってしまいます。目を覚まして外に出てみると…。

準備するもの
- コンテ
- 絵の具
- 色画用紙
- 油性ペン
- クーピーペンシル

ねらい

- お話のイメージを広げ、自分なりの思いを描く。
- コンテの特質を生かし、土の中の様子などを楽しく表現する。

配慮

- コンテでの描画時は、コンテの粉が出るので室内の換気を行う。
- コンテの粉によって汚れが多くなるため、衣服への配慮も行う。
- 雪の絵の具は、少し濃度を濃くしておくことで、画面のポイントにする。

活動のポイント
- 「ねずみのおいしゃさま」の絵本から、冬季に土の中で冬眠する動物や昆虫の様子に関心を持ち、思いを深められるようにしましょう。

3学期

◀ネズミのお医者さまの病院のようです。たくさんの患者さんが来ている様子がうかがえます。病院入口の大きな木と、細い木の並びが穴の空間と絶妙なバランスを保っています。

▲穴の中にはカエルの親子が冬眠中。外は雪で寒そうですが、カエルたちの部屋の中には暖かいストーブがあり、煙突からは煙がモクモクと出ています。コンテでしっかり塗ったこげ茶色の中で、煙・雪の白の色絵の具が輝きを放っています。

▲この絵をよく見ると、ネズミのお医者さまが、道・穴の前・穴の中と3カ所に描かれています。お話の流れを1つの画面の中に順々に描く時間差表現という5歳児らしい空間表現です。穴の捉え方にも独自性があり、楽しい表現ですね。

こんな絵もかいたよ

お話の絵 「からすのパンやさん」

▲カラスの輝くような黒を、墨の濃さで表現しています。パンや風車をサインペンを使って表現することで、描きやすく配慮された材料の組み合わせに着目。

お話の絵 「いちごばたけのちいさなおばあさん」

▲いちご畑のイメージを色で楽しく表現した絵ですね。イチゴカラーの単色の線描に、鮮やかに彩られたおばあさん・動物たちの色や形が魅力的。

お話の絵 「3びきのくま」

▲コンテで力強く描いた3匹のクマたちには、きちんと大小差がわかります。3匹の間に描いた木の葉のリズミカルな並びが個性的。

お話の絵 「おおかみとキャベツばたけ」

▲顔と体は横向きですが、目と耳がそれぞれ2個あり、前向きの表現。オオカミの形に5歳児らしさを感じます。

お話の絵 「おたすけこびと」

▲ケーキの形は上からの形で、イチゴは転倒式表現で捉えています。まだ幼い子どもの表現です。こびとの表情に安らぎを感じます。

お話の絵 「つるのおんがえし」

▲濃い墨でしっかりとツルや周りの情景を捉えて描いていますね。特に、空から降ってくる雪の点々のリズミカルな線は、どの雪も目で追ってどこに落ちるのか確かめたくなる雪です。子どもの思いが伝わりますね。

こんな絵もかいたよ

お話の絵 「ぶんぶくちゃがま」

▲青い色墨の濃淡で描いています。2匹のタヌキがいますが、1匹は顔面混合表現で描き、もう1匹は擬人化表現で描いています。先のタヌキは網を渡っている表現にしようと工夫していますね。

お話の絵 「いもむしれっしゃ」

◀地下・地上を走り回るいもむしれっしゃの様子をよく捉えて描いています。

お話の絵 「うしさんおっぱいしぼりましょ」

▲イチゴをたくさん食べたので、イチゴミルクがいっぱい出てきたのでしょう。ウシの乳房が6こもあり、搾乳に疲れた様子のウシの表情に味わいがあります。

お話の絵 「にゃんきちいっかのだいぼうけん」

▲にゃんきちの顔の髭の並びが強そうで「さあ、今から冒険に出発」と歓声をあげているかの様です。船上の梯子の力強い線も冒険に備えて頑丈にしたのでしょうか?

お話の絵 「ながぐつをはいたネコ」

▲青い色墨の濃淡で描いています。濃い青墨で描いたネコと、薄い青墨で描いた町並みの表現の対比が美しいですね。

お話の絵 「マッチうりの少女」

▲民話の絵は渋く落ちついた雰囲気になりがちですが、この絵のように西洋の話を墨で描き、クーピーなどで色を入れるとステンドグラスのような雰囲気が漂い、優美なムードになります。

絵の役割

　子どもたちが描いている絵を分類してみると、大きく「自由画」「生活画」「観察画」「お話の絵」「空想画」の5種類に分けることができます。これらの絵画表現には、それぞれに特徴や役割があります。活動に取り組んでいる姿やつぶやき・描き終えた時の表情・描いた絵から、子どもが何を伝えようとしているのかを考えてみると、それぞれの絵の特徴や絵に込めた子どもの思いを読み取ることができます。

自由画

　時間・場所・内容にとらわれず、好きな時に思いのままに描くことです。気にいらない場合は、何度も何度も繰り返し描きなおすことが出来るので、リラックスした気分の中での表現といえます。絵①は「お兄ちゃんとケンカして、たんこぶができた」、絵②は「虫歯が痛かった」という出来事を描いたものです。絵の説明を聞かなくても、何を伝えようとしてるかが理解でき、不思議と納得させる力や魅力を感じます。

特徴
- 好きなように描く
- 好きな時に描く
- 間違えてもよい
- 緊張せずに描ける

目的・ねらい
- 記号を確かめて確認する
- 形を形成させて進化させる
- 形を整える

絵のよみとり
- 興味・関心
- 理解力
- 経験
- 発達

(絵①)たんこぶができた

(絵②)虫歯が痛かった

観察画

　植物や動物などの見たものを描くことです。以前はザリガニや蛙など本物を目の前にすると、子どもたちは描くより、動く姿に見とれて遊ぶことに夢中になり、楽しんだ思いが絵の中に個性として表れていました。しかし近年は、瞬時に捉えた形を並べて図式で表現する子どもが増えています。ゲーム感覚での捉え方による図形の表現によるものと考えられます。絵③はザクロを描いています。丁寧に描いていますが、一粒一粒を記号化して並べています。「自分の好きなところ・気になるところを見つけてごらん」と、子ども自身が描きたいと思う視点をみつける問いかけにより表現が変わります。

特徴
- 見ながら描く
- 見てきて描く
- 見たことを描く

目的・ねらい
- 物の見方・捉え方を考える
- 構成力を身につける
- 図形の理解を深める

絵のよみとり
- 知性・感性の育ち
- 視点の違い
- 気づきや発見

(絵③)ザクロ

生活画

経験画・行事画とも言います。生活の中で経験した出来事を絵に描くことです。題材とされるものには園行事などの共通経験と、家庭の生活の中で経験する個人経験があります。絵④は運動会の絵です。同じ体験の中で、感性や感覚による表現の異なりを大切にしましょう。

運動会（絵④）

特徴
- 経験したことを描く
- 知っている事を描く
- 喜びの思いを描く（楽しい・嬉しい・出来たこと）
- 悲しい思いを描く（苦しい・痛い・つらい・出来なかった）

目的・ねらい
- 主として自分のことを描く
- 起こったことがわかるように描く

絵のよみとり
- 子どもの内面（性格・個性）
- 家庭環境
- 興味・関心
- 知性・発達

お話の絵

題材となる絵本・紙芝居などを通して、クラス全員がイメージを広げて表現活動ができるのが大きな特徴です。発達・経験に合わせて、題材を設定することが大切です。

（絵⑤）おしゃべりなたまごやき

特徴
- 絵本の世界を描く
- 思いを広げて描く
- 自分だけの世界観が描ける

目的・ねらい
- お話の内容を理解する力を育てる
- 絵本の世界を自分なりの色や形で表現する
- イメージ力を高める

絵のよみとり
- 物語の内容理解力
- 言語力
- 発想力・イメージ力
- 構成力
- 感性・知性

空想画

素話や絵本などを基にイメージを広げ、自分なりの思いを絵にすることです。表現を豊かにするためには、表現の基礎となる子どもの心が動かされるような経験を積み重ねることと、一人ひとりの思いや素朴な感動を受けとめる保育者との共感しあう関係を日頃から築いておくことです。

（絵⑥）こいのぼりにのって…

特徴
- 自分なりの思いを楽しむ
- イメージ力を高める
- 自分だけの世界観が描ける

目的・ねらい
- 発想力を豊かにする
- 想像力を高める

絵のよみとり
- 発想力・イメージ力
- 言語力
- 思考力・創造性
- 感性・知性

本編で取り組んだ作品

3歳児

- ライオンはかせのはなやさん……BL出版
- おおきなかぶ………………福音館書店
- ジャックとまめのき…………小学館
- にんじんばたけのパピプペポ……偕成社
- きつねとぶどう………………金の星社
- こびとのくつやさん…………ほるぷ出版
- 14ひきのかぼちゃ……………童心社
- どうぶつ山のクリスマス……童心社
- おねぼうサンタのクリスマス……コーキ出版
- うさこのサンタクロース……フレーベル館
- おしゃべりなたまごやき………福音館書店
- おむすびころりん……………金の星社
- かさこじぞう…………………ポプラ社
- てぶくろ………………………福音館書店
- ゆきだるまはよるがすき!………評論社
- おおかみと七ひきのこやぎ……福音館書店
- たこさんあそぼう……………小学館
- はだかのおうさま……………金の星社

4歳児

- おおきなかぶ………………福音館書店
- はなさかじいさん……………金の星社
- ぐるんぱのようちえん………福音館書店
- しずくのぼうけん……………福音館書店
- くもりのちはれせんたくかあちゃん…福音館書店
- ありとすいか…………………ポプラ社
- 30000このすいか……………くもん出版
- ジャックとまめのき…………小学館
- ハーメルンのふえふき………金の星社
- とっくりうなぎ………………フレーベル館
- ガリバーりょこうき…………チャイルド本社
- ふうせんクジラ………………佼成出版社
- さつまのおいも………………童心社
- 14ひきのやまいも……………童心社
- いもほりバス…………………鈴木出版
- おしゃべりなたまごやき………福音館書店
- うしさんおっぱいしぼりましょ…ポプラ社
- もくべえのうなぎのぼり……教育画劇
- ももたろう……………………金の星社
- おおかみと七ひきのこやぎ……福音館書店
- 3びきのこぶた………………金の星社
- ふって!ふって!バニー………フレーベル館
- どん!……………………………金の星社
- あしにょきにょきにょき………岩崎書店
- サンタクロースはおおいそがし……草土文化
- だるまのしゅぎょう…………偕成社
- お月さまってどんなあじ?………らんか社
- どどどーんぱっ!………………鈴木出版
- ちいさなきいろいかさ………金の星社
- つちのなかのもぐらでんしゃ…ひかりのくに
- ありんこのアリー……………金の星社
- いちごばたけのちいさなおばあさん…福音館書店
- おむすびころりん……………金の星社
- 11ぴきのねことあほうどり……こぐま社
- アントンせんせい……………講談社
- ジオジオのかんむり…………福音館書店
- わにさんどきっはいしゃさんどきっ…偕成社
- ありときりぎりす……………ポプラ社
- うらしまたろう………………チャイルド本社
- ゆきだるまのくに……………チャイルド本社

5歳児

- おやゆびひめ…………………偕成社
- おおきなキャベツ……………金の星社
- のせてのせて100かいだてのバス…ポプラ社
- みんなで!どうろこうじ………偕成社
- カタツムリと鯨………………評論社
- 花いっぱいになぁれ…………大日本図書
- すずめがおこめをつくったら…チャイルド本社
- さるじぞう……………………ほるぷ出版
- つちのなかのもぐらでんしゃ…ひかりのくに
- もぐらバス……………………偕成社
- ねずみのえんそくもぐらのえんそく…チャイルド本社
- ねずみのよめいり……………教育画劇
- おひめさまようちえん………えほんの杜
- たぬきのいとぐるま…………チャイルド本社
- でっかいまめたろう…………ポプラ社
- ねずみのおいしゃさま………福音館書店
- からすのパンやさん…………偕成社
- おおかみとキャベツばたけ……教育画劇
- いちごばたけのちいさなおばあさん…福音館書店
- おたすけこびと………………徳間書店
- 3びきのくま…………………偕成社
- つるのおんがえし……………偕成社
- ぶんぶくちゃがま……………教育画劇
- いもむしれっしゃ……………PHP研究所
- うしさんおっぱいしぼりましょ…ポプラ社
- にゃんきちいっかのだいぼうけん…金の星社
- 長ぐつをはいたネコ…………金の星社
- マッチうりの少女……………偕成社

題材&読み解くヒントがいっぱい

わくわく楽しい幼児の絵画❷

★ 2〜5歳児の表現に見られる「4つの技法」がわかる
★ 絵から読み取る 色の発達・言葉の発達・家庭環境・利き手による表現の特徴を詳しく解説

2〜5歳児

定価:2,090円（本体1,900円+税10%）　AB判 オールカラー160ページ　舟井 賀世子 著

実践したくなる「絵画」の題材とヒントがいっぱい！

1 活動の「ねらい」と保育者が「配慮」すべきポイントをわかりやすく紹介

2 子どもたちへの助言・援助など題材に合わせた「活動のポイント」を解説

3 子どもの絵に込められた「思い」や「育ち」を読み取るヒントがいっぱい

お話の絵　5歳児・こいのぼりじま

さらに 絵画製作に役立つ内容も満載！

● なぐり描きの意味　● 利き手による違い　● 色の概念の発達　● 絵と言葉の発達

<著者>
舟井 賀世子（元・大阪信愛学院短期大学 客員教授）
太成学院大学 非常勤講師、大阪幼児造形教育研究会会長、全大阪幼少年美術振興会特任理事をはじめ全国各地の造形研究
会の講師、幼稚園、保育所の先生方の絵画指導に従事、保育者の育成に幅広く携わっている。

主な著書
「0・1・2歳児の造形あそび百科」（ひかりのくに）
「みんなで造形 4・5歳児 絵を描こう！」（サクラクレパス出版部）
「みんなで造形 2・3歳児 描こうよ！作ろうよ！」（サクラクレパス出版部）
「みんなで造形 0・1歳児 やってみよう！」（サクラクレパス出版部）
「わくわく楽しい幼児の絵画①」（サクラクレパス出版部）
「4〜6歳の伝えたいことがわかるおうちお絵かき」（徳間書店）
「0〜3歳の気持ちと成長がわかるおうちお絵かき」（徳間書店）

<協力スタッフ>
坂上 優美子（八田荘こども園）
花森 理砂（御池台こども園）
箱崎 真由（八田荘第二こども園）
港 あかね（せんこう幼稚園）
元木 康介（清教学園幼稚園）

<資料提供・協力園>

赤橋幼稚園（大阪・大阪市）	さかいだに幼稚園（京都・京都市）
大阪信愛学院幼稚園（大阪・大阪市）	清教学園幼稚園（大阪・河内長野市）
大原野幼稚園（京都・京都市）	せんこう幼稚園（大阪・堺市）
おおやけこども園（京都・山科区）	八田荘こども園（大阪・堺市）
岸部敬愛保育園（大阪・吹田市）	八田荘第二こども園（大阪・堺市）
岸部敬愛幼稚園（大阪・吹田市）	マーヤ敬愛保育園（大阪・吹田市）
彩都保育園（大阪・茨木市）	御池台こども園（大阪・堺市）
西福寺幼児園（京都・伏見区）	山田敬愛幼稚園（大阪・吹田市）

わくわく楽しい幼児の絵画①
2017年　4月27日　第1刷発行
2017年　6月30日　第2刷発行
2024年　7月11日　第3刷発行

著　者　舟井賀世子
発行者　西村彦四郎
発行所　株式会社サクラクレパス出版部
〒540-8508　大阪市中央区森ノ宮中央1-6-20　TEL（06）6910-8800（代表）
〒111-0052　東京都台東区柳橋2-20-16　TEL（03）3862-3911（代表）
https://www.craypas.co.jp

※クレパス、クーピー、クーピーペンシルは
　株式会社サクラクレパスの登録商標です。
※クレパスの普通名称は、オイルパステルです。

※本書に関するお問い合わせは、弊社（大阪）出版部にお願いします。
※落丁・乱丁の場合はお取り替えいたします。

印刷・製本　大村印刷株式会社
●定価・本体価格はカバーに表示しています。
ISBN978-4-87895-251-7
C3037 ¥1480E